移動中でもCDで聞ける！

実用 韓国語単語集

CD付き

- 日常生活に必要不可欠な単語
- 困った時に役立つ単語満載
- 会話文もあり会話も弾む
- 韓国人も使える

실용 한국어 단어집

今までになかった、便利で使える
生活密着型　韓国語単語集

TLS出版社

Contents

韓国語単語集

基本単語

あいさつ……………… 14	形や状態……………… 30
人やものを指す言葉……… 16	位置や方向…………… 32
人間関係①……………… 18	助詞と前置詞………… 34
人間関係②……………… 20	人の性格……………… 36
質問と答え……………… 22	天気…………………… 38
助動詞…………………… 24	色……………………… 40
副詞……………………… 26	動物…………………… 42
量詞……………………… 28	職業の名称…………… 44

数・時・暦

漢数詞と固有数詞……… 46	期間…………………… 56
大小数と序数…………… 48	時と頻度……………… 58
数と量…………………… 50	曜日・月……………… 60
時刻……………………… 52	季節・暦①…………… 62
時間の表現……………… 54	暦②…………………… 64

からだと心

顔の各部………………66	体の各部①……………68

体の各部②	70	知覚を使う	78
体の様子	72	感情	80
基本的な動作①	74	生理現象	82
基本的な動作②	76		

乗る

飛行機	84	列車	88
バス・タクシー・船	86		

泊まる

ホテル①	90	アパート	94
ホテル②	92		

食べる

レストラン	96	調理法	104
味・調味料	98	料理の材料	106
料理名	100	野菜・果物	108
食事に関する言葉	102	飲み物とデザート	110

楽しむ

買い物	112	観光	116
洋服	114	ビーチ	118

Contents

遊ぶ・癒す

マッサージ …………… 120	お酒 …………………… 128
エステ＆サウナ ……… 122	ナイトライフ① ……… 130
スポーツ ……………… 124	ナイトライフ② ……… 132
ゴルフに行く ………… 126	

暮らす

生活用品 ……………… 134	車を運転する ………… 154
電化製品 ……………… 136	パソコン ……………… 156
身じたくをする ……… 138	髪を切る ……………… 158
身のまわりの小物 …… 140	職場 …………………… 160
住まいのインテリア … 142	宅配の注文 …………… 162
台所 …………………… 144	引越し ………………… 164
掃除・洗濯 …………… 146	スーツをオーダーする … 166
電話をかける ………… 148	趣味 …………………… 168
郵便 …………………… 150	外に出る ……………… 170
銀行 …………………… 152	

トラブル

ホテルにて …………… 172	薬 ……………………… 174

病気	176	歯科に行く	182
病気の症状	178	犯罪	184
病院	180	事故と災害	186

本書の特徴と使い方

● **韓国での観光、滞在で使用頻度の高い単語、1,800語を厳選**
頻繁に使用される単語、約1,800語を厳選、この一冊であなたの韓国滞在における様々な場面で使える単語が覚えられます。

● **また関連性のある単語をカテゴリーで分類**
本書は、「基本単語」「数・時・暦」「からだと心」「乗る」「泊まる」「食べる」「楽しむ」「遊ぶ・癒す」「暮らす」「トラブル」のカテゴリーから成っており、助動詞～動詞～日常生活、トラブル時に使用する言葉など、幅広く掲載しております。

● **行動順に使用する単語を掲載**
たとえば、韓国へ向かう機内で基本単語を覚えられ、空港～宿泊先～レストラン～買い物…と行動を意識した、見やすく、覚えやすい内容になっております。

● **老若男女問わず、使える単語帳**
最近の旅行者、居住者の行動を考慮した単語（アパート、ホテル、エステ、ゴルフ、ナイトライフ、銀行、車、パソコン、引っ越し、宅配の注文、歯科…）を掲載し、より最新の韓国を楽しめる内容になっております。

● **実用会話も掲載**
各ページにページ内の単語を使った、実用性の高い会話文が掲載されておりますので、韓国人との交流に役立ちます。

● **本書で韓国人も日本語を学べる**
全ての単語に日本語のアルファベット読みが表記されております。本書を使って、韓国人に何かたずねたり、また一緒に学習できる内容になっております。

● **韓国の地名、外国名も掲載**
郊外に行く時や、より韓国人との会話を膨らませたい時に役立ちます。

韓国語の発音

単語を紹介する前に、ハングルの読み方を勉強してみましょう。

韓国語を勉強したことがない方でも、あの ㅁ とか ㅇ とか ㅣで書かれた、一見記号のようにも見える文字を見たことはあるのではないでしょうか?

英語やフランス語、ドイツ語などアルファベットで表記されている文字と違って、取っつきにくい印象を持った方も多いと思います。

しかし、実はハングルは、簡単な規則を覚えてしまえばすぐに読むことが出来る簡単な文字なのです。

ここでは、基本的なハングルの構成や読み方を御紹介していきたいと思います。

《韓国語の音節(構成)》

韓国語の音節(構成)は主に次の2種類です。

- ・子音＋母音

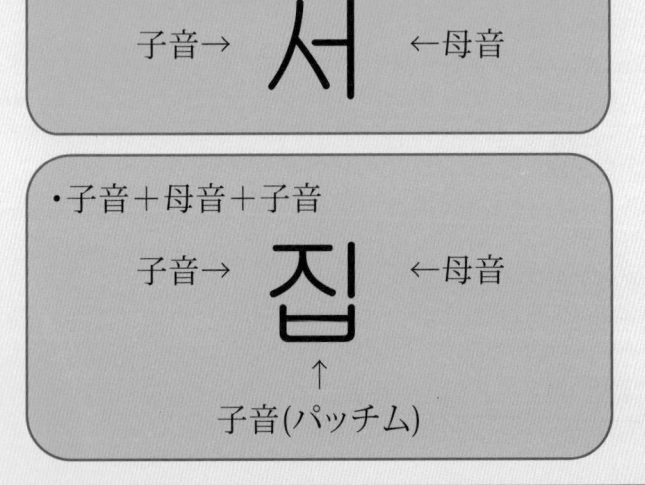

  子音→ 서 ←母音

- ・子音＋母音＋子音

  子音→ 집 ←母音

  ↑
  子音(パッチム)

《母音》

　日本の母音は5つ（あいうえお）ですが、韓国語では基本母音が10個あります。さらにそれを組み合わせた11個の複合母音が使われます。日本語にない母音もあるので注意しましょう。

【基本母音】

ハングル	カタカナ表記	発音の仕方
ㅏ	ア（a）	日本語の「ア」と同じ発音
ㅑ	ヤ（ya）	日本語の「ヤ」と同じ発音
ㅓ	オ（o）	口を縦長に開き喉の奥から「オ」
ㅕ	ヨ（yo）	口を縦長に開き喉の奥から「ヨ」
ㅗ	オ（o）	唇を丸めて「オ」
ㅛ	ヨ（yo）	唇を丸めて「ヨ」
ㅜ	ウ（u）	唇を丸めて「ウ」
ㅠ	ユ（yu）	唇を丸めて「ユ」
ㅡ	ウ（u）	口を横に引いて「ウ」
ㅣ	イ（i）	日本語の「イ」と同じ発音

【複合母音】

ハングル	カタカナ表記	発音の仕方
ㅐ	エ(e)	日本語の「エ」と同じ発音
ㅒ	イェ(ie)	日本語で「イェ」
ㅔ	エ(e)	口をやや狭めて「エ」
ㅖ	イェ(ie)	上の「エ」に「y」の音を加えて「イェ」
ㅘ	ワ(wa)	日本語の「ワ」
ㅙ	ウェ(we)	初めに唇を丸めて口を大きく開き「ウェ」
ㅞ	ウェ(we)	初めに唇を丸めて狭い口で「ウェ」
ㅚ	ウェ(we)	初めに唇を丸めて狭い口で「ウェ」
ㅝ	ウォ(wo)	初めに唇を丸くして「ウォ」
ㅟ	ウィ(wi)	初めに唇を丸くして「ウィ」
ㅢ	ウィ(wi)	口を平らにしたまま「ウィ」

※「ㅢ」は場所によって発音が変化するので注意が必要です。
- 単語の初め「ウィ」
- 「〜の」の意味は「エ」
- それ以外は「イ」と発音

≪子音≫

韓国語の子音は「平音」「激音」「濃音」の3種類で、合計19個あります。

基本母音									
	平音	ㄱ k, g	ㄴ n	ㄷ t, d	ㄹ r	ㅁ m	ㅂ p, b	ㅅ s	ㅇ	ㅈ ch, j
	激音	ㅋ k		ㅌ t			ㅍ p		ㅎ h	ㅊ ch
	濃音	ㄲ k		ㄸ t			ㅃ p	ㅆ s		ㅉ ch

子音字の発音の特徴

- 平音　語頭ではソフトな無声音で、語中では有声音になる。
- 激音　息を強く吐き出すように発音する。
- 濃音　息を止めて絞り出すようにして発音する。日本語の「しっかり」の「っか」のような音。

≪パッチム≫

　音節が子音＋母音＋子音で構成されるとき、最後の子音を「パッチム」と呼びます。パッチムは日本語にはない韓国語の大きな特徴です。パッチムには7種類の発音があります。

【ㄱ(k)、ㄷ(t)、ㅂ(p) パッチム】

- ㄱパッチム[-k]：「すっかり(sukkari)」の「すっ(suk)」で止めたときの音。「か」の音は出さないが、口は開いたまま。

- ㄷパッチム[-t]：「あった(atta)」の「あっ(at)」で止めたときの音。「た」の音は出さないで、舌先を歯の裏、歯茎につけて止める。

- ㅂパッチム[-p]：「いっぱい(ippai)」の「いっ(ip)」で止めたときの音。「ぱ」の音を出さずに唇を閉じる。

　⇒すべて破裂音を出さずに、「っ」の音で終わる。

【ㄴ(n)、ㅁ(m)、ㅇ(ng) パッチム】

- ㄴパッチム[-n]：日本語の「にんにく」の「ん」と同じ音。舌先を上歯茎につけて「ん」。

- ㅁパッチム[-m]：「さんま」の「ん」を発音する音。口を閉じ鼻から「ん」。

- ㅇパッチム[-ng]：「おんがく」の「ん」。口を閉じずに鼻から「ん」。

【 ㄹ（１） パッチム】

日本語の「る」とは違う。 英語の「l（エル）」と同じ音

　※パッチムは直後に来る音に影響して、 発音が変化することがあります。

主な例は以下の３つです。

・連音 ： 　パッチムの後に 「ㅇ」 が来たとき、 パッチムは後ろに続く音節に移って発音されます。

　例 ： 　일본（イルボン）＋ 이（イ）→ 일본이（イルボニ）
　　　　　日本　　　　　　〜が　　　　　日本が

・激音化： 「ㄱ」「ㄷ」「ㅂ」「ㅈ」 の直後に 「ㅎ」 が来ると激音 「ㅋ」「ㅌ」「ㅍ」「ㅊ」 の音で発音されます。

　例 ： 　입학（入学） は 「イプハ（ク）」ではなく
　　　　　「イッパ（ク）」 と発音します。

・鼻音化：「ㄱ」「ㄷ」「ㅂ」 の後に 「ㄴ」「ㅁ」 が来ると、 それぞれ 「ㅇ」「ㄴ」「ㅁ」 になります。

　例 ： 　입니다（です） は「イプニダ」ではなく
　　　　　「イムニダ」と発音します。

ここまで説明してきた様に、ハングルはこれらの記号のような文字を、組み合わせてできている文字です。
　では次に、実際に簡単な文章を読んでみましょう。

例文) 사랑해요

사	ㅅ(s) + ㅏ(a)	⇒ sa（サ）
랑	ㄹ(r) + ㅏ(a) + ㅇ(ng)	⇒ rang（ラン）
해	ㅎ(h) + ㅐ(e)	⇒ he（ヘ）
요	ㅇ(-) + ㅛ(yo)	⇒ yo（ヨ）

　この文章は上のように分解することが出来ます。その一つ一つにローマ字を当てはめていって、それを続けて読めば完成です。この例文の場合は『サランヘヨ』と読みます。意味は「愛しています。」です。

　いかがですか？思っていたよりも簡単な気がしませんか？
本文のカタカナの読みと照らし合わせながら練習してみてください。
少しずつでも自分で読めるようになってくると、きっとハングルがより身近に感じられるようになりますよ！

《反切表》

	ㅏ a	ㅑ ya	ㅓ eo	ㅕ yeo	ㅗ o	ㅛ yo	ㅜ u	ㅠ yu	ㅡ u	ㅣ i
ㄱ k	가 カ	갸 キャ	거 コ	겨 キョ	고 コ	교 キョ	구 ク	규 キュ	그 ク	기 キ
ㄲ kk	까 カ	꺄 キャ	꺼 コ	껴 キョ	꼬 コ	꾜 キョ	꾸 ク	뀨 キュ	끄 ク	끼 キ
ㄴ n	나 ナ	냐 ニャ	너 ノ	녀 ニョ	노 ノ	뇨 ニョ	누 ヌ	뉴 ニュ	느 ヌ	니 ニ
ㄷ t	다 タ	댜 ティャ	더 ト	뎌 ティョ	도 ト	됴 ティョ	두 トゥ	듀 ティュ	드 トゥ	디 ティ
ㄸ tt	따 タ		떠 ト	뗘 ティョ	또 ト		뚜 トゥ		뜨 トゥ	띠 ティ
ㄹ r	라 ラ	랴 リャ	러 ロ	려 リョ	로 ロ	료 リョ	루 ル	류 リュ	르 ル	리 リ
ㅁ m	마 マ	먀 ミャ	머 モ	며 ミョ	모 モ	묘 ミョ	무 ム	뮤 ミュ	므 ム	미 ミ
ㅂ p	바 パ	뱌 ピャ	버 ポ	벼 ピョ	보 ポ	뵤 ピョ	부 プ	뷰 ピュ	브 プ	비 ピ
ㅃ pp	빠 パ	뺘 ピャ	뻐 ポ	뼈 ピョ	뽀 ポ	뾰 ピョ	뿌 プ	쀼 ピュ	쁘 プ	삐 ピ
ㅅ s	사 サ	샤 シャ	서 ソ	셔 ショ	소 ソ	쇼 ショ	수 ス	슈 シュ	스 ス	시 シ
ㅆ ss	싸 サ		써 ソ		쏘 ソ	쑈 ショ	쑤 ス		쓰 ス	씨 シ
ㅇ ・	아 ア	야 ヤ	어 オ	여 ヨ	오 オ	요 ヨ	우 ウ	유 ユ	으 ウ	이 イ
ㅈ chj	자 チャ	쟈 チャ	저 チョ	져 チョ	조 チョ	죠 チョ	주 チュ	쥬 チュ	즈 チュ	지 チ
ㅉ ch	짜 チャ	쨔 チャ	쩌 チョ	쪄 チョ	쪼 チョ		쭈 チュ	쮸 チュ	쯔 チュ	찌 チ
ㅊ ch	차 チャ	챠 チャ	처 チョ	쳐 チョ	초 チョ	쵸 チョ	추 チュ	츄 チュ	츠 チュ	치 チ
ㅋ kh	카 カ	캬 キャ	커 コ	켜 キョ	코 コ	쿄 キョ	쿠 ク	큐 キュ	크 ク	키 キ
ㅌ th	타 タ	탸 ティャ	터 ト	텨 ティョ	토 ト	툐 ティョ	투 トゥ	튜 ティュ	트 トゥ	티 ティ
ㅍ ph	파 パ	퍄 ピャ	퍼 ポ	펴 ピョ	포 ポ	표 ピョ	푸 プ	퓨 ピュ	프 プ	피 ピ
ㅎ h	하 ハ	햐 ヒャ	허 ホ	혀 ヒョ	호 ホ	효 ヒョ	후 フ	휴 ヒュ	흐 フ	히 ヒ

複合母音の反切表ははずしてあります。空欄の部分は全く、もしくはほとんど使われない組み合わせです。

あいさつ

(日本語)	(カタカナ)	(ハングル文字)
こんにちは（お元気ですか？）	アンニョンハセヨ	안녕하세요?
元気です	チャル チネヨ	잘 지내요
さようなら（去る人に）	アンニョンヒ ガセヨ	안녕히 가세요
さようなら（残る人に）	アンニョンヒ ゲセヨ	안녕히 계세요
お元気で	コンガンハセヨ	건강하세요
お幸せに	ヘンボカセヨ	행복하세요
また会いましょう	トマンナヨ	또 만나요
はじめまして	チョウムペプケッスムニダ	처음 뵙겠습니다
こちらこそ	チョヤマルロ	저야말로
ありがとう①	カムサ ハムニダ	감사합니다
ありがとう②	コマプスムニダ	고맙습니다
どういたしまして	チョンマネヨ	천만에요
気にしないで下さい	シンギョン スヂマセヨ	신경 쓰지 마세요
ごめんなさい	チェソンハムニダ	죄송합니다
すみません	ミアナムニダ	미안합니다
申し訳ありません	ドゥリル マルスミ オプスムニダ	드릴 말씀이 없습니다
失礼します	シルレ ハムニダ	실례합니다
おめでとうございます	チュカ ハムニダ	축하합니다
おやすみなさい	アンニョンヒ チュムセヨ	안녕히 주무세요
自己紹介	チャギソゲ	자기 소개

基本単語

● 基本単語

会話してみよう！

(韓国人用)

konnichiwa, ogenkidesuka

genkidesu

sayounara

sayounara

ogenkide

oshiawaseni

mata aimashou

hajime mashite

kochirakoso

arigatou

arigatou

dou itashimashite

kinishinaide kudasai

gomennasai

sumimasen

moushiwake arimasen

shitsurei shimasu

omedetou gozaimasu

oyasuminasai

jikoshoukai

---

① こんにちは。

안녕하세요?

アンニョンハセヨ

konnichiwa

② ありがとう。

고맙습니다.

コマプスムニダ

arigatou

③ お元気ですか？

잘 지내시죠?

チャル チネシジョ

ogenki desuka?

④ 元気です。

잘 지내요.

チャル チネヨ

genki desu

人やものを指す言葉

(日本語)	(カタカナ)	(ハングル文字)
私（目上の人に）	チョ	저
私（目下の人に）	ナ	나
私たち（目上の人に）	チョヒドゥル	저희들
私たち（目下の人に）	ウリドゥル	우리들
あなた	タンシン	당신
あなたたち	タンシンドゥル	당신들
彼、彼女	ク、クニョ	그,그녀
彼ら	クドゥル	그들
これ	イゴッ	이것
あれ	チョゴッ	저것
それ	クゴッ	그것
この	イ	이
あの	チョ	저
その	ク	그
〜たち（名詞の複数形）	〜ドゥル	〜들
名前	イルム	이름
〜様	〜ニム	〜님
ニックネーム	ピョルミョン	별명
俺	ナ	나
お前	ノ	너

● 基本単語

会話してみよう！

(韓国人用)

watashi
watashi
watashi tachi
watashi tachi
anata
anata tachi
kare, kanojo
karera
kore
are
sore
kono
ano
sono
~tachi
namae
~sama
nikku neemu
ore
omae

1 あなたの名前は何ですか？

성함이 어떻게 되세요?
ソンハミ オットケ テセヨ

anatano namaewa nan desuka?

2 私の名前は田中です。

제 이름은 다나카입니다.
チェ イルムン タナカイムニダ

watashino namaewa tanaka desu

3 これは私のものです。

이것은 제 것입니다.
イゴスン チェッコシムニダ

korewa watashino mono desu

4 あなたのものはどれですか？

당신 것은 어느 것입니까?
タンシンゴスン オヌ ゴシムニカ

anatano monowa dore desuka?

人間関係①

(日本語)	(カタカナ)	(ハングル文字)
家族	カヂョク	가족
父母（両親）	プモニム	부모님
父	アボヂ	아버지
母	オモニ	어머니
祖父	ハラボヂ	할아버지
祖母	ハルモニ	할머니
息子	アドゥル	아들
娘	タル	딸
兄（弟から見て）	ヒョン	형
姉（弟から見て）	ヌナ	누나
兄（妹から見て）	オッパ	오빠
姉（妹から見て）	オンニ	언니
弟	ナムドンセン	남 동생
妹	ヨドンセン	여 동생
兄弟	ヒョンヂェ	형제
姉妹	チャメ	자매
夫	ナムピョン	남편
妻	アネ	아내
夫婦	ププ	부부
自分（自己）	チャシン / チャギ	자신 / 자기

基本単語

● 基本単語

(韓国人用)

kazoku	
fubo, ryoushin	
chichi	
haha	
sofu	
sobo	
musuko	
musume	
ani	
ane	
ani	
ane	
otouto	
imouto	
kyoudai	
shimai	
otto	
tsuma	
fuufu	
jibun, jiko	

会話してみよう！

1 私のお父さんです。

제 아버지이십니다.

チェ アボジイシムニダ

watashino otousan desu

2 私のお母さんです。

제 어머니이십니다.

チェ オモニイシムニダ

watashino okaasan desu

3 3人兄弟です。

삼 형제입니다.

サム ヒョンジェイムニダ

san nin kyoudai desu

4 自分でできます。

스스로 할 수 있어요.

ススロ ハルス イッソヨ

jibunde dekimasu

人間関係②

(日本語)	(カタカナ)	(ハングル文字)
親戚	チンチョク	친척
孫	ソンヂャ	손자
おじ（父親の兄）	クナボヂ	큰 아버지
おじ（父親の弟）	チャグナボヂ	작은 아버지
おじ（母親の兄弟）	ウェサムチョン	외 삼촌
おば（父親の姉妹）	コモ	고모
おば（母親の姉妹）	イモ	이모
いとこ	サチョン	사촌
おい（めい）	チョカ	조카
婿	サウィ	사위
嫁	ミョヌリ	며느리
しゅうと（夫の父親）	シアボヂ	시 아버지
しゅうと（妻の父親）	チャンイン	장인
しゅうとめ（夫の母親）	シオモニ	시 어머니
しゅうとめ（妻の母親）	チャンモ	장모
恋人	エイン	애인
友人	チング	친구
知り合い	アヌン サラム	아는 사람
男性	ナムソン	남성
女性	ヨソン	여성

● 基本単語

(韓国人用)

会話してみよう！

shinseki

mago

oji

oji

oji

oba

oba

itoko

oi, mei

muko

yome

shuuto

shuuto

shuutome

shuutome

koibito

yuujin

siriai

dansei

josei

1 親戚に会いに行きます。

친척을 만나러 갑니다.
<u>チンチョグル マンナロ カムニダ</u>

shinsekini aini ikimasu

2 恋人はいますか？

애인은 있으세요?
<u>エイヌン イッスセヨ</u>

koibitowa imasuka?

3 知り合いの紹介です。

아는 사람 소개입니다.
<u>アヌン サラム ソゲイムニダ</u>

shiriaino shoukaidesu

4 女性専用です。

여성 전용입니다.
<u>ヨソン チョニョンイムニダ</u>

josei senyou desu

質問と答え

(日本語)	(カタカナ)	(ハングル文字)
〜ですか？	イムニカ	〜 입니까？
はい	イェ / ネ	예 / 네
いいえ	アニオ	아니오
わかりません	モルゲッスムニダ	모르겠습니다
何？	ムオッ	무엇？
いつ？	オンヂェ	언제？
どこ？	オディ	어디？
なぜ？	ウェ	왜？
どのような？	オットン	어떤？
いくら？	オルマ	얼마？
いくつ？	ミョッ	몇？
どのくらい？	オヌチョンド	어느 정도？
どれ？	オヌゴッ	어느 것？
どっち？	オヌチョッ	어느 쪽？
誰？	ヌグ	누구？
何歳？	ミョッサル	몇 살？
ある	イッタ	있다
ない	オプタ	없다
〜です（名詞）	イムニダ	〜 입니다
〜です（形容詞と動詞）	ムニダ / スムニダ	〜 ㅂ니다 / 습니다

基本単語

● 基本単語

(韓国人用)

会話してみよう！

~desuka

hai

iie

wakarimasen

nani

itsu

doko

naze

donoyouna

ikura

ikutsu

donokurai

dore

docchi

dare

nansai

aru

nai

~desu

~desu

① これはいくらですか？

이것은 얼마입니까?

イゴスン オルマイムニカ

korewa ikura desuka?

② 何歳ですか？

몇 살이세요?

ミョッサリセヨ

nansai desuka?

③ ここはどこですか？

여기는 어디입니까?

ヨギヌン オディイムニカ

kokowa doko desuka?

④ これは誰のですか？

이것은 누구의 것입니까?

イゴスン ヌグエ コシムニカ

korewa dareno desuka?

助動詞

(日本語)	(カタカナ)	(ハングル文字)
〜できる	ハルス イッタ	〜할수 있다
〜できない	ハルス オプタ / モッタダ	〜할수 없다 / 못 하다
〜したい	ハゴ シプタ	〜하고 싶다
〜して下さい	ヘヂュセヨ	〜해 주세요
〜してあげる	ヘヂュダ	〜해 주다
〜してはいけない	ヘソヌン アン デンダ	〜해서는 안 된다
〜しないで下さい	ハヂ マセヨ	〜하지 마세요
〜しなければいけない	ハヂ アヌミョン アン デンダ	〜하지 않으면 안 된다
〜しましょう	ハプシダ	〜합시다
〜したことがある	ヘボンチョギ イッタ	〜해 본적이 있다
〜させて下さい	ハゲヘヂュセヨ	〜하게 해 주세요
〜している	ハゴ イッタ	〜하고 있다
〜しようとしない	ハリョゴ ハヂ アンヌンダ	〜하려고 하지 않는다
〜かもしれない	イルチド モルンダ	〜일지도 모른다
〜してもいい	ヘド テンダ	〜해도 된다
きっと〜だろう	プンミョン イルコシダ	분명 〜일 것이다
〜するつもりだ	〜ハル イェジョンイダ	〜할 예정이다
〜すべきだ	ヘヤ マッタンハダ	〜해야 마땅하다
〜すべきでない	タンヨニ ハヂ マラヤ ハンダ	〜당연히 하지 말아야 한다
〜してみる	ヘボダ	〜해 보다

基本単語

● 基本単語

(韓国人用)

~dekiru

~dekinai

~shitai

~shite kudasai

~shite ageru

~shitewa ikenai

~shinaide kudasai

~shinakereba ikenai

~shimashou

~shitakotoga aru

~sasete kudasai

~shiteiru

~shiyouto shinai

~kamo shirenai

~shitemo ii

kitto~darou

~suru tsumorida

~subekida

~subekide nai

~shitemiru

会話してみよう！

1 私は韓国語が話せます。

저는 한국어를 할 수 있어요.

チョヌン ハングゴルル ハルス イッソヨ

watashiwa kankokugoga hanasemasu

2 私は韓国語が話せません。

저는 한국말을 못 해요.

チョヌン ハングンマルル モテヨ

watashiwa kankokugoga hanasemasen

3 学ぶ必要があります。

배울 필요가 있어요.

ペウル ピリョガ イッソヨ

manabu hitsuyouga arimasu

4 もっと勉強するべきだ。

더 공부해야 마땅하다.

トー コンブヘヤ マッタンハダ

motto benkyou surubekida

副詞

(日本語)	(カタカナ)	(ハングル文字)
とても〜	メウ/ノム	매우 / 너무
少し〜	チョグム	조금
かなり〜	ケ	꽤
ほとんど〜	コウィ	거의
最も〜	カヂャン	가장
普通は〜	ポトンウン	보통은
あえて〜	クヂ	굳이
特に〜	トゥキ	특히
いつも〜	オンヂェナ	언제나
常に〜	ハンサン	항상
必ず〜	パンドゥシ	반드시
よく〜	チャヂュ	자주
やはり〜	ヨクシ	역시
本当に〜	チョンマルロ	정말로
一緒に〜	ハムッケ	함께
もちろん〜	ムルロン	물론
たぶん〜	アマ	아마
もしかしたら〜	ホクシ	혹시
ついに〜	トゥディオ	드디어
もう一度〜	ハンボントー	한번 더

● 基本単語

会話してみよう！

(韓国人用)

totemo~

sukoshi~

kanari~

hotondo~

mottomo~

futsuuwa~

aete~

tokuni~

itsumo~

tsuneni~

kanarazu~

yoku~

yahari~

hontouni~

isshoni~

mochiron~

tabun~

moshikashitara~

tsuini~

mouichido~

1 彼はとても韓国が好きだ。

그는 한국을 매우 좋아한다.
クヌン ハンググル メウ チョアハンダ

karewa totemo kankoku ga sukida

2 韓国料理は少し辛い。

한국 음식은 조금 맵다.
ハングㇰ ウムシグン チョグム メプタ

kankoku ryouriwa sukoshi karai

3 もちろん大丈夫です。

물론 괜찮아요.
ムルロン ケンチャナヨ

mochiron daijoubudesu

4 もう一度言って下さい。

한 번 더 말씀 해 주세요.
ハンボン トー マルスム ヘジュセヨ

mou ichido itte kudasai

量詞

(日本語)	(カタカナ)	(ハングル文字)
～人	ミョン / イン	～ 명 / 인
～匹	マリ	～ 마리
～頭	マリ	～ 마리
～本（瓶）	ビョン	～ 병
～杯	ヂャン	～ 잔
～冊	クォン	～ 권
～着	ボル	～ 벌
～個	ケ	～ 개
～箱	サンヂャ	～ 상자
～台	デ	～ 대
～錠（薬）	ヂョン / アル	～ 정 / 알
～回	ヘ / ボン	～ 회 / 번
～人前	インブン	～ 인분
～缶	ケン	～ 캔
～皿	チョプシ	～ 접시
～枚	ヂャン	～ 장
～組	チョ / セットゥ	～ 조 / 셋트
～足	キョルレ	～ 켤레
～種類	チョンリュ	～ 종류
～件	コン	～ 건

● 基本単語

(韓国人用)

~nin
~hiki
~tou
~hon
~hai
~satsu
~chaku
~ko
~hako
~dai
~jou
~kai
~ninmae
~kan
~sara
~mai
~kumi
~soku
~shurui
~ken

会話してみよう！

① 私の家族は5人家族です。

저희 가족은 다섯명입니다.

チョヒ カジョグン タソンミョンイムニダ

watashino kazokuwa gonin kazoku desu

② ビールをもう1本下さい。

맥주 한병 더 주세요.

メクチュ ハンビョン トー チュセヨ

biiruwo mou ippon kudasai

③ CD3枚でいくらですか？

시디 세장에 얼마입니까?

シディ セヂャンエ オルマイムニカ

CD san maide ikura desuka?

④ 車を2台持っています。

차를 두대 가지고 있어요.

チャルル トゥデ カヂゴ イッソヨ

kurumawo ni dai motte imasu

形や状態

(日本語)	(カタカナ)	(ハングル文字)
四角	サガㇰ	사각
丸い	トングルダ	둥글다
良い	チョタ	좋다
悪い	ナップダ	나쁘다
新しい	セロプタ	새롭다
古い	ナルタ	낡다
明るい	パㇽタ	밝다
暗い	オドゥプタ	어둡다
硬い	タクッタカダ	딱딱하다
柔らかい	プドゥロプタ	부드럽다
同じ	カタ	같다
異なる	タルダ	다르다
うるさい	シックロプタ	시끄럽다
静かな	チョヨンハン	조용한
乾いた	マルン	마른
濡れた	チョヂュン	젖은
清潔	チョンギョル	청결
汚い	トロプタ	더럽다
美しい	アルムダプタ	아름답다
かわいい	キヨプタ	귀엽다

基本単語

● 基本単語

(韓国人用)

- shikaku
- marui
- yoi
- warui
- atarashii
- furui
- akarui
- kurai
- katai
- yawarakai
- onaji
- kotonaru
- urusai
- shizukana
- kawaita
- nureta
- seiketsu
- kitanai
- utsukushii
- kawaii

会話してみよう！

① 彼はいい人です。

그는 좋은 사람입니다.

クヌン チョウン サラミムニダ

karewa iihito desu

② 新しい家を買う。

새 집을 산다.

セ チブル サンダ

atarashii iewo kau

③ 隣の部屋がうるさい。

옆 집이 시끄럽다.

ヨプチビ シックロプタ

tonarino heyaga urusai

④ あなたはかわいい。

당신은 귀엽다.

タンシヌン キヨプタ

anatawa kawaii

位置や方向

(日本語)	(カタカナ)	(ハングル文字)
東	トン	동
西	ソ	서
南	ナム	남
北	プク	북
右	ウ / オルン	우 / 오른
左	チャ / ウェン	좌 / 왼
横	ヨプ	옆
上	サン / ウィ	상 / 위
下	ハ / アレ	하 / 아래
前	チョン / アプ	전 / 앞
後	フ / ティ	후 / 뒤
向かい	マヂュンピョン	맞은편
中	チュン / アン (ソク)	중 / 안 (속)
外	パク (コッ)	밖(겉)
真ん中	ハンカウンデ	한 가운데
遠い	モルダ	멀다
近い	カッカプタ	가깝다
ここ	ヨギ	여기
そこ	コギ	거기
あそこ	チョギ	저기

● 基本単語

(韓国人用)

higashi	
nishi	
minami	
kita	
migi	
hidari	
yoko	
ue	
shita	
mae	
ushiro	
mukai	
naka	
soto	
man naka	
tooi	
chikai	
koko	
soko	
asoko	

会話してみよう！

① 太陽は東から昇る。

태양은 동쪽에서 뜬다.

<u>テヤンウン トンチョゲソ トゥンダ</u>

taiyouwa higashikara noboru

② お店は右側にあります。

상점은 오른 편에 있어요.

<u>サンヂョムン オルン ピョネ イッソヨ</u>

omisewa migigawani arimasu

③ そのお店の向かいです。

그 가게의 맞은 편입니다.

<u>ク カゲエ マヂュン ピョニムニダ</u>

sono omiseno mukai desu

④ 家はソウルから遠い。

우리집은 서울에서 멀다.

<u>ウリチブン ソウレソ モルダ</u>

iewa souru kara tooi

助詞と前置詞

(日本語)	(カタカナ)	(ハングル文字)
～は	ウン / ヌン	～ 은 / 는
～の	エ	～ 의
～が	イ / ガ	～ 이 / 가
～を	ウル / ルル	～ 을 / 를
～と	クァ / ワ	～ 과 / 와
～も	ド	～ 도
～に、～へ	エ	～ 에
～に（人や物）	エゲ	～ 에게
～で（場所）	エソ	～ 에서
～で（手段）	ウロ / ロ	～ 으로 / 로
～から	プト	～ 부터
～まで	カヂ	～ 까지
～より	ポダ	～ 보다
～くらい	チョンド	～ 정도
～に対して	エ テハヨ	～ 에 대하여
～にとって	エ イッソソ	～ 에 있어서
～のような	クァ / ワ カトゥン	～ (과 / 와) 같은
～するあいだに	ハヌン ドンアネ	～ 하는 동안에
～のため	ウル / ルル ウィヘ	～ (을 / 를) 위해
～以外に	イウェエ	～ 이외에

● 基本単語

(韓国人用)

~wa

~no

~ga

~wo

~to

~mo

~ni, ~e

~ni

~de

~de

~kara

~made

~yori

~kurai

~ni taishite

~ni totte

~no youna

~suru aidani

~no tame

~igaini

会話してみよう！

1 COEXで待っています。

코엑스에서 기다리고 있어요.
<u>コエクスエソ キダリゴ イッソヨ</u>

COEX de matte imasu

2 地下鉄で行きます。

지하철로 갑니다.
<u>チハチョルロ カムニダ</u>

chikatetsu de ikimasu

3 午前9時から仕事です。

오전 아홉시부터 일 합니다.
<u>オヂョン アホプシプト イラムニダ</u>

gozen ku ji kara shigoto desu

4 午後10時まで遊びます。

오후 열시까지 놉니다.
<u>オフ ヨルシカヂ ノムニダ</u>

gogo juu ji made asobi masu

人の性格

(日本語)	(カタカナ)	(ハングル文字)
性格	ソンキョク	성격
性格がよい	ソンキョギ チョタ	성격이 좋다
性格が悪い	ソンキョギ ナプダ	성격이 나쁘다
明るい	ミョンランハダ	명랑하다
暗い	オドゥプタ	어둡다
積極的な	チョックヮチョギン	적극적인
消極的な	ソグヮチョギン	소극적인
優しい	サンニャンハダ	상냥하다
親切な	チンヂョラン	친절한
愚かな	オリソグン	어리석은
落ち着いた	チャブナン	차분한
やかましい	シックロプタ	시끄럽다
厚かましい	ポンポンスロプタ	뻔뻔스럽다
勝手な	チェモッテロイン	제멋대로인
わがままな	チェモッテロイン	제멋대로인.
怠け者	ケウルムヂャンイ	게으름장이
わるがしこい	キョファラダ	교활하다
気が短い	ソンジリ クパダ	성질이 급하다
厳格な	オムキョカン	엄격한
けちな	インセカン	인색한

● 基本単語

(韓国人用)

- seikaku
- seikakuga yoi
- seikakuga warui
- akarui
- kurai
- sekkyoku tekina
- shoukyoku tekina
- yasashii
- shinsetsuna
- orokana
- ochitsuita
- yakamashii
- atsukamashii
- katte na
- wagamama na
- namake mono
- warugashi koi
- kiga mijikai
- genkakuna
- kechina

会話してみよう！

1 彼は親切な人です。

그는 친절한 사람입니다.
クヌン チンヂョラン サラミムニダ

karewa shinsetsuna hito desu

2 彼女はわがままだ。

그녀는 제멋대로이다.
クニョヌン チェモッテロイダ

kanojowa wagamamada

3 私は怠け者です。

저는 게으름장이입니다.
チョヌン ケウルムヂャンイイムニダ

watashiwa namake mono desu

4 あの人はけちだ。

저 사람은 인색하다.
チョサラムン インセカダ

anohitowa kechida

37

天気

(日本語)	(カタカナ)	(ハングル文字)
天気	ナルシ	날씨
晴れ	マルグム	맑음
雨	ピ	비
くもり	フリム	흐림
雪	ヌン	눈
気温	キオン	기온
湿度	スプト	습도
暖かい	タットゥタダ	따뜻하다
暑い	トプタ	덥다
蒸し暑い	ムドプタ	무덥다
涼しい	ソンソナダ	선선하다
寒い	チュプタ	춥다
天気予報	イルギイェボ	일기예보
梅雨	チャンマ	장마
どしゃぶり	チャンデビ	장대비
稲妻	ポンゲ	번개
台風	テプン	태풍
降水確率	ピオルファンニュル	비올 확률
洪水	ホンス	홍수
地震	チヂン	지진

基本単語

● 基本単語

会話してみよう！

(韓国人用)

tenki

hare

ame

kumori

yuki

kion

shitsudo

atatakai

atsui

mushi atsui

suzushii

samui

tenki yohou

tsuyu

doshaburi

inazuma

taifuu

kousui kakuritsu

kouzui

jishin

① 今日は天気がよい。

오늘은 날씨가 좋다.
<u>オヌルン ナルシガ チョタ</u>

kyouwa tenkiga yoi

② 雨が降る。

비가 온다.
<u>ピガ オンダ</u>

amega furu

③ 8月はとても暑い。

팔월은 매우 덥다.
<u>パロルン メウ トプタ</u>

hachigatsuwa totemo atsui

④ 今、気温は何度ですか？

지금, 기온이 몇 도입니까?
<u>チグム、キオニ ミョットイムニカ</u>

ima kionwa nando desuka?

色

(日本語)	(カタカナ)	(ハングル文字)
色	セク / セッカル	색 / 색깔
白	ペク / ハヤン	백 / 하양
黒	フク / コムヂョン	흑 / 검정
赤	チョク / パルガン	적 / 빨강
青	チョン / パラン	청 / 파랑
黄色	ノラン	노랑
紺	カムセク / ナムセク	감색 / 남색
緑	チョロク	초록
水色	ハヌルセク	하늘색
紫	ポラ	보라
ピンク	ピンク / プノン	핑크 / 분홍
金	クム	금
銀	ウン	은
茶	カルセク	갈색
蛍光色	ヒョングァンセク	형광색
オレンジ色	オレンヂセク / チュファン	오렌지색 / 주황
グレー	ヘセク	회색
ベージュ	ベイヂ	베이지
濃い	チナダ	진하다
薄い	ヨナダ	연하다

● 基本単語

(韓国人用)

iro

shiro

kuro

aka

ao

ki iro

kon

midori

mizu iro

murasaki

pinku

kin

gin

cha

keikou shoku

orenji iro

guree

beeju

koi

usui

会話してみよう！

1 何色が好きですか？

무슨 색을 좋아하세요?

ムスン セグル チョアハセヨ

nani iroga suki desuka?

2 私は青が好きです。

저는 파랑 색을 좋아합니다.

チョヌン パランセグル チョアハムニダ

watashiwa aoga suki desu

3 これは何色ですか？

이것은 무슨 색입니까?

イゴスン ムスン セギムニカ

korewa naniiro desuka?

4 韓国のお土産はカラフルです。

한국의 토산품은 컬러플합니다.

ハングゲ トサンプムン コルロプルハムニダ

kankokuno omiyagewa karafuru desu

動物

(日本語)	(カタカナ)	(ハングル文字)
虎	ホランイ	호랑이
犬	ケ	개
猫	コヤンイ	고양이
ねずみ	チィ	쥐
牛	ソ	소
豚	テヂ	돼지
にわとり	タヶ	닭
はと	ピドゥルギ	비둘기
馬	マル	말
羊	ヤン	양
熊	コム	곰
猿	ウォンスンイ	원숭이
ゴリラ	ゴリルラ	고릴라
ライオン	サヂャ	사자
象	コッキリ	코끼리
こうもり	パクチィ	박쥐
うさぎ	トッキ	토끼
かめ	コブギ	거북이
へび	ペム	뱀
わに	アゴ	악어

基本単語

● 基本単語

(韓国人用)

tora
inu
neko
nezumi
ushi
buta
niwatori
hato
uma
hitsuji
kuma
saru
gorira
raion
zou
koumori
usagi
kame
hebi
wani

会話してみよう！

1 南怡島には動物がたくさんいます。

남이섬에는 많은 동물들이 있어요.

ナミソメヌン マヌン トンムルドゥリ イッソヨ

namisomuniwa doubutsuga takusan imasu

2 虎を見に行きたいです。

호랑이를 보러 가고 싶어요.

ホランイルル ポロ カゴシポヨ

torawo mini ikitai desu

3 動物園はどこですか？

동물원은 어디입니까?

トンムルウォヌン オディイムニカ

doubutsuenwa doko desuka?

4 競馬場に行きませんか？

경마장에 안 가실래요?

キョンマヂャンエ アン ガシルレヨ

keibajouni ikimasenka

職業の名称

(日本語)	(カタカナ)	(ハングル文字)
会社員	フェサウォン	회사원
守衛	スウィ	수위
医者	ウィサ	의사
看護婦	カノサ	간호사
教師	キョサ	교사
生徒	ハクセン	학생
歌手	カス	가수
俳優	ペウ	배우
モデル	モデル	모델
消防士	ソバン デウォン	소방 대원
軍人	クニン	군인
警察官	キョンチャルグアン	경찰관
運転手	ウンヂョンス	운전수
車掌	チャヂャン	차장
弁護士	ピョノサ	변호사
農業	ノンオプ	농업
公務員	コンムウォン	공무원
新聞記者	シンムン キヂャ	신문 기자
パイロット	ピヘンサ	비행사
スチュワーデス	スンムウォン	승무원

基本単語

● 基本単語

会話してみよう！

(韓国人用)

kaishain
shuei
isha
kangofu
kyoushi
seito
kashu
haiyuu
moderu
shouboushi
gunjin
keisatsukan
untenshu
shashou
bengoshi
nougyou
koumuin
shinbunkisha
pairotto
suchuwaadesu

1 あなたの職業は何ですか？

무슨 일을 하세요?
ムスン イルル ハセヨ

anatano shokugyouwa nan desuka?

2 私は会社員です。

저는 회사원입니다.
チョヌン フェサウォニムニダ

watashiwa kaishain desu

3 私は歌手になりたいです。

저는 가수가 되고 싶어요.
チョヌン カスガ テゴ シポヨ

watashiwa kashuni naritai desu

4 私の夢はパイロットになる事です。

제 꿈은 비행사가 되는 것입니다.
チェ クムン ピヘンサガ テヌン ゴシムニダ

watashino yumewa pairotto ni narukoto desu

漢数詞と固有数詞

(日本語)	(カタカナ)	(ハングル文字)
1 / 一つ	イル / ハナ	일 / 하나
2 / 二つ	イ / トゥル	이 / 둘
3 / 三つ	サム / セッ	삼 / 셋
4 / 四つ	サ / ネッ	사 / 넷
5 / 五つ	オ / タソッ	오 / 다섯
6 / 六つ	ユㇰ / ヨソッ	육 / 여섯
7 / 七つ	チル / イルゴブ	칠 / 일곱
8 / 八つ	パル / ヨドル	팔 / 여덟
9 / 九つ	ク / アホプ	구 / 아홉
10 / 十	シㇷ゚ / ヨル	십 / 열
11 / 十一	シビル / ヨルハナ	십일 / 열하나
12 / 十二	シビ / ヨルトゥル	십이 / 열둘
13 / 十三	シㇷ゚サム / ヨルセッ	십삼 / 열셋
14 / 十四	シㇷ゚サ / ヨルネッ	십사 / 열넷
15 / 十五	シボ / ヨルタソッ	십오 / 열다섯
20 / 二十	イシㇷ゚ / スムル	이십 / 스물
30 / 三十	サムシㇷ゚ / ソルン	삼십 / 서른
40 / 四十	サシㇷ゚ / マフン	사십 / 마흔
50 / 五十	オシㇷ゚ / シン	오십 / 쉰
0	ヨン	영

数・時・暦

● 数・時・暦

会話してみよう！

(韓国人用)

ichi / hitotsu

ni / futatsu

san / mittsu

yon,shi / yottsu

go / itsutsu

roku / muttu

nana,shichi / nanatsu

hachi / yattsu

kyuu,ku / kokonotsu

juu / tou

juu ichi

juu ni

juu san

juu shi

juu go

nijuu

sanjuu

yonjuu

gojuu

rei,zero

1 韓国では4が縁起の悪い数です。

한국에서는 사가 불길한 숫자입니다.
ハングゲソヌン サガ プルギラン スッチャイムニダ

kankokudewa yon ga engino waruikazu desu

2 私は20歳です。

저는 스무살입니다.
チョヌン スムサリムニダ

watashiwa nijussai desu

3 10ウォンは約1円です。

십원은 약 일엔입니다.
シボヌン ヤゥ イレニムニダ

juu uwonwa yaku ichi en desu

4 韓国には5回来た事があります。

한국에는 다섯번 와 본 적이 있어요.
ハングゲヌン タソッポン ワボンチョギイッソヨ

kankokuniwa gokai kitakotoga arimasu

大小数と序数

(日本語)	(カタカナ)	(ハングル文字)
60	ユクシプ	육십
70	チルシプ	칠십
80	パルシプ	팔십
90	クシプ	구십
100	ペク	백
千	チョン	천
万	マン	만
億	オク	억
兆	チョ	조
0.1	ヨンチョムイル	영점일
0.01	ヨンチョムヨンイル	영점영일
～倍	ペ	～ 배
～分の～	プネ	～ 분의 ～
～%	ポセントゥ	～ 퍼센트
～割	ハル	～ 할
～回目	ボンチェ	～ 번 째
1番	イルボン	일번
2番	イボン	이번
第1	チェイル	제일
第2	チェイ	제이

● 数・時・暦

会話してみよう！

(韓国人用)

rokujuu

nanajuu

hachijuu

kyuujuu

hyaku

sen

man

oku

chou

ree ten ichi

ree ten ree ichi

~bai

~bun no~

~paasento

~wari

~kaime

ichi ban

ni ban

dai ichi

dai ni

1 タクシーは1メーター1600ウォンです。

택시는 일미터에 천육백원입니다.
テゥクシヌン イルミトエ チョニュゥペゴニムニダ

takushiiwa wan meetaa sen roppyaku uwon desu

2 私の母は53歳です。

제 어머니는 쉰세살이십니다.
チェ オモニヌン シンセサリシムニダ

watashino hahawa gojuu san sai desu

3 この靴は10万ウォンしました。

이 구두는 십만원 줬습니다.
イクドゥヌン シムマノン チョッスムニダ

kono kutsuwa juuman uwon shimashita

4 日本の缶ジュースは120円です。

일본의 캔쥬스는 백이십 엔입니다.
イルボネ ケンヂュスヌン ペギシベニムニダ

nihonno kanjuusuwa hyaku nijuu en desu

数と量

(日本語)	(カタカナ)	(ハングル文字)
大きい	クダ	크다
小さい	チャクタ	작다
高い	ノプタ	높다
低い	ナッタ	낮다
長い	キルダ	길다
短い	チャルタ	짧다
広い	ノルタ	넓다
狭い	チョプタ	좁다
多い	マンタ	많다
少ない	チョクタ	적다
太い	クルタ	굵다
細い	カヌルダ	가늘다
厚い	トゥッコプタ	두껍다
薄い	ヤルタ	얇다
重い	ムゴプタ	무겁다
軽い	カビョプタ	가볍다
いくつ？	ミョッ	몇？
いくら？	オルマ	얼마？
何時？	ミョッシ	몇 시？
何時間？	ミョッシガン	몇 시간？

会話してみよう！

(韓国人用)

ookii
chiisai
takai
hikui
nagai
mijikai
hiroi
semai
ooi
sukunai
futoi
hosoi
atsui
usui
omoi
karui
ikutsu
ikura
nanji
nanjikan

1 ソウルは大きな都市です。

서울은 큰 도시입니다.

ソウルン クンドシイムニダ

souruwa ookina toshi desu

2 彼は背が高い。

그는 키가 크다.

クヌン キガ クダ

karewa sega takai

3 観光客が多い。

관광객이 많다.

クァングァンゲギ マンタ

kankoukyakuga ooi

4 ソウルまで何時間かかりますか？

서울까지 몇 시간 걸립니까?

ソウルカヂ ミョッシガン コルリムニカ

sourumade nan jikan kakari masuka?

時刻

(日本語)	(カタカナ)	(ハングル文字)
午前0時	オヂョン ヨンシ	오전 영시
午前1時	オヂョン ハンシ	오전 한시
午前2時	オヂョン トゥシ	오전 두시
午前3時	オヂョン セシ	오전 세시
午前4時	オヂョン ネシ	오전 네시
午前5時	オヂョン タソッシ	오전 다섯시
正午	チョンオ	정오
午後6時	オフ ヨソッシ	오후 여섯시
午後7時	オフ イルゴプシ	오후 일곱시
午後8時	オフ ヨドルシ	오후 여덟시
午後9時	オフ アホプシ	오후 아홉시
午後10時	オフ ヨルシ	오후 열시
午後11時	オフ ヨランシ	오후 열한시
6時ちょうど	ヨソッシ チョンガク	여섯시 정각
30分	サムシプブン	삼십분
10時45分	ヨルシ サシボブン	열시 사십오분
2時26分	トゥシ イシプユクブン	두시 이십육분
8時40分	ヨドルシ サシプブン	여덟시 사십분
1時2分3秒	ハンシ イブン サムチョ	한시 이분 삼초
時刻	シガク	시각

数・時・暦

● 数・時・暦

会話してみよう！

(韓国人用)

gozen reiji

gozen ichiji

gozen niji

gozen sanji

gozen yoji

gozen goji

shougo

gogo rokuji

gogo shichiji

gogo hachiji

gogo kuji

gogo juuji

gogo juu ichiji

rokuji choudo

san juppun

juuji yonjuu gofun

niji nijuu roppun

hachiji yonjuppun

ichiji nifun sanbyou

jikoku

1 今、何時ですか？

지금 몇 시입니까?

チグム ミョッシイムニカ

ima nanji desuka?

2 今、午後10時です。

지금, 오후 열시입니다.

チグム オフ ヨルシイムニダ

ima gogo juuji desu

3 いつも午前8時に起きます。

항상 오전 여덟시에 일어납니다.

ハンサン オヂョン ヨドゥルシエ イロナムニダ

itsumo gozen hachiji ni okimasu

4 午後6時に仕事が終わります。

오후 여섯시에 일이 끝납니다.

オフ ヨソッシエ イリ クンナムニダ

gogo rokuji ni shigotoga owarimasu

時間の表現

(日本語)	(カタカナ)	(ハングル文字)
時間	シガン	시간
秒	チョ	초
分	プン	분
時	シ	시
朝	アチム	아침
昼	チョムシム	점심
夕方	チョニョク	저녁
夜	パム	밤
深夜	シミャ	심야
午前	オヂョン	오전
午後	オフ	오후
今	チグム	지금
さっき	チョグムヂョン	조금 전
すぐ	コッ	곧
すでに（完了）	ポルソ	벌써
まだ	アヂク	아직
早い	イルダ	이르다
速い	パルダ	빠르다
遅い	ヌッタ	늦다
ゆっくり	チョンチョニ	천천히

● 数・時・暦

会話してみよう！

(韓国人用)

jikan

byou

fun

ji

asa

hiru

yuugata

yoru

shinya

gozen

gogo

ima

sakki

sugu

sudeni

mada

hayai

hayai

osoi

yukkuri

1 5分30秒です。

오분 삼십초입니다.
オブン サムシプチョイムニダ

go fun sanjuu byou desu

2 さっき、ご飯を食べました。

조금 전에 밥을 먹었어요.
チョグムヂョネ パブル モゴッソヨ

sakki gohanwo tabe mashita

3 まだ、食べていません。

아직 안 먹었어요.
アヂクアン モゴッソヨ

mada tabete imasen

4 もっとゆっくり話して下さい。

좀 더 천천히 말씀 해 주세요.
チョムトー チョンチョニ マルスム ヘ ヂュセヨ

motto yukkuri hanashite kudasai

期間

(日本語)	(カタカナ)	(ハングル文字)
5 分間	オブンガン	오분간
30 分間	サムシブンガン	삼십분간
一時間半	ハンシガン バン	한시간 반
6 時間後	ヨソッシガンフ	여섯시간 후
半日	ハンナヂョル	한 나절
一日中	ハルヂョンイル	하루 종일
一晩中	パムセドロク	밤 새도록
7 日間	チリルガン	칠일간
2 週間	イヂュガン	이주간
3 週間後	サムヂュフ	삼주 후
半月	ポルム	보름
7 ヵ月後	チルゲウォルフ	칠개월 후
半年間	パンニョンガン	반 년간
9 年間	クニョンガン	구년간
10 年後	シムニョンフ	십년 후
～時から	～シエソ	～ 시에서
～時まで	～シカヂ	～ 시까지
しばらく	タンブンガン	당분간
ずっと	チュク	쭉
永遠に	ヨンウォニ	영원히

会話してみよう！

(韓国人用)

go funkan

san juppunkan

ichijikan han

roku jikan go

han nichi

ichi nichi juu

hito ban juu

nanokakan

ni shuukan

san shuukan go

hantsuki

nana kagetsu go

hantoshikan

kyuu nenkan

juu nen go

~jikara

~jimade

shibaraku

zutto

eien ni

---

1 一時間後に会いましょう。

한 시간 후에 만나요.
ハンシガンフエ マンナヨ

ichijikangoni aimashou

---

2 ソウルまで30分かかります。

서울까지 삼십분 걸립니다.
ソウルカヂ サムシププン コルリムニダ

souru made sanjuppun kakarimasu

---

3 しばらくプサンにいます。

당분간 부산에 있을 겁니다.
タンブンガン プサネ イッスル コムニダ

shibaraku pusan ni imasu

---

4 ずっと韓国で暮らします。

쭉 한국에서 살 겁니다.
チュクハンググゲソ サル コムニダ

zutto kankokude kurashimasu

時と頻度

(日本語)	(カタカナ)	(ハングル文字)
現在	ヒョンヂェ (チグム)	현재 (지금)
過去	クァゴ	과거
昔	イェンナル	옛날
未来	ミレ	미래
将来	チャンネ	장래
今後	ヒャンフ	향후
すぐ	コッ	곧
今すぐに	チグム コッ	지금 곧
あとで	ナヂュンエ	나중에
だんだん	チョムヂョム	점점
ふたたび	タシ	다시
たびたび	テテロ	때때로
時々	カックム	가끔
まず	ウソン	우선
めったに	チョムチョロム	좀처럼
この前	イルチョネ	일전에
以前	イヂョン	이전
あらかじめ	ミリ	미리
先に	モンヂョ	먼저
突然	カプチャギ	갑자기

(韓国人用)

genzai

kako

mukashi

mirai

shourai

kongo

sugu

imasugu ni

atode

dandan

futatabi

tabitabi

tokidoki

mazu

mettani

konomae

izen

arakajime

sakini

totsuzen

会話してみよう！

① 現在、学生ですか？

지금, 학생이세요?

<u>チグム ハクセンイセヨ</u>

genzai gakusei desuka?

② 将来の夢は何ですか？

장래 희망이 무엇입니까?

<u>チャンネ ヒマンイ ムウォシムニカ</u>

shouraino yumewa nan desuka?

③ 今すぐに会いたいです。

지금 곧 만나고 싶어요.

<u>チグム コッ マンナゴ シポヨ</u>

imasuguni aitaidesu

④ お先に失礼します。

먼저 실례하겠습니다.

<u>モンヂョ シルレハゲッスムニダ</u>

osakini shitsurei shimasu

曜日・月

(日本語)	(カタカナ)	(ハングル文字)
月曜日	ウォリョイル	월요일
火曜日	ファヨイル	화요일
水曜日	スヨイル	수요일
木曜日	モギョイル	목요일
金曜日	クミョイル	금요일
土曜日	トヨイル	토요일
日曜日	イリョイル	일요일
正月	チョンウォル / ソルナル	정월 / 설날
1月	イロル	일월
2月	イウォル	이월
3月	サモル	삼월
4月	サウォル	사월
5月	オウォル	오월
6月	ユウォル	유월
7月	チロル	칠월
8月	パロル	팔월
9月	クウォル	구월
10月	シウォル	시월
11月	シビロル	십일월
12月	シビウォル	십이월

数・時・暦

● 数・時・暦

会話してみよう！

(韓国人用)

getsu youbi
ka youbi
sui youbi
moku youbi
kin youbi
do youbi
nichi youbi
shou gatsu
ichi gatsu
ni gatsu
san gatsu
shi gatsu
go gatsu
roku gatsu
shichi gatsu
hachi gatsu
ku gatsu
juu gatsu
juu ichi gatsu
juu ni gatsu

1 月曜日に会いましょう。

월요일에 만나요.
ウォリョイレ マンナヨ

getsu youbini aimashou

2 何曜日が暇ですか？

무슨 요일이 한가하세요?
ムスン ヨイリ ハンガハセヨ

nan youbiga hima desuka?

3 日曜日が暇です。

일요일이 한가합니다.
イリョイリ ハンガハムニダ

nichi youbiga hima desu

4 韓国では正月に帰省する人が多い。

한국에는 설날에 귀성하는 사람이 많다.
ハングゲヌン ソルラレ キソンハヌン サラミ マンタ

kankokudewa shougatsuni kiseisuru hitoga ooi

季節・暦①

(日本語)	(カタカナ)	(ハングル文字)
春	ポム	봄
夏	ヨルム	여름
秋	カウル	가을
冬	キョウル	겨울
きょう	オヌル	오늘
きのう	オヂェ	어제
おととい	クヂョッケ	그저께
あした	ネイル	내일
あさって	モレ	모레
毎日	メイル	매일
休日	ヒュイル	휴일
今週	イボンチュ	이번 주
先週	チナンヂュ	지난 주
先々週	チヂナンヂュ	지 지난 주
来週	タウムチュ	다음 주
再来週	タダウムチュ	다 다음 주
週末	チュマル	주말
祝祭日	キョンチュギル	경축일
誕生日	センイル	생일
生年月日	センニョンウォリル	생년월일

数・時・暦

● 数・時・暦

(韓国人用)

haru

natsu

aki

fuyu

kyou

kinou

ototoi

ashita

asatte

mainichi

kyuu jitsu

kon shuu

sen shuu

sensen shuu

rai shuu

sarai shuu

shuu matsu

shuku sai jitsu

tanjoubi

seinengappi

会話してみよう！

1 あした、韓国に行きます。

내일, 한국에 갑니다.
<u>ネイル、ハングゲ カムニダ</u>

ashita kankokuni ikimasu

2 あさって、休日です。

모레, 휴일입니다.
<u>モレ、ヒュイリムニダ</u>

asatte kyuujitsu desu

3 誕生日は何月ですか？

생일은 몇 월달이세요?
<u>センイルン ミョドルタリセヨ</u>

tanjoubiwa nan gatsu desuka?

4 9月9日生まれです。

구월 구일 태생입니다.
<u>クウォル クイル テセンイムニダ</u>

kugatsu kokonoka umare desu

暦 ②

(日本語)	(カタカナ)	(ハングル文字)
今月	イボンタル	이번달
先月	チナンダル	지난달
来月	タウムタル	다음달
月末	ウォルマル	월말
年	ニョン	년
今年	クムニョン	금년
去年	チャンニョン	작년
おととし	チェヂャンニョン	재작년
来年	ネニョン	내년
再来年	ネフニョン	내후년
年末	ヨンマル	연말
新年	シンニョン	신년
毎年	メニョン	매년
西暦	ソギ	서기
陰暦正月	クヂョン	구정
釈迦誕生日	ソクカ タンシニル	석가 탄신일
お盆	チュソク	추석
クリスマス	クリスマス	크리스마스
大晦日	クムムナル	그믐날
誕生日	センイル	생일

数・時・暦

会話してみよう！

(韓国人用)

kon getsu	
sen getsu	
rai getsu	
getsu matsu	
toshi	
kotoshi	
kyo nen	
ototoshi	
rai nen	
sarai nen	
nen matsu	
shin nen	
mai toshi	
seireki	
inreki shougatsu	
shaka tanjoubi	
obon	
kurisumasu	
oomisoka	
tanjoubi	

1 新年明けましておめでとうございます。

새해 복 많이 받으세요.
セヘ ボㇰ マニ パドゥセヨ

shin nen akemashite omedetou gozaimasu

2 良いお年を。

좋은 한 해를.
チョウン ハネルル

yoi otoshiwo

3 陰暦正月は2月頃です。

구정은 이월경입니다.
クヂョンウン イウォルギョンイㇺニダ

inrekishougatsuwa nigatsugoro desu

4 お盆前はデパートが混みます。

추석전은 백화점이 붐빕니다.
チュソㇰヂョヌン ペクァヂョミ プㇺビㇺニダ

obonmaewa depaatoga komimasu

65

顔の各部

(日本語)	(カタカナ)	(ハングル文字)
顔	オルグル	얼굴
頭	モリ	머리
脳	ヌェ	뇌
額	イマ	이마
目	ヌン	눈
まゆ毛	ヌンソプ	눈썹
まつ毛	ソクヌンソプ	속 눈썹
鼻	コ	코
鼻毛	コトル	코털
口	イプ	입
歯	イ/チア	이 / 치아
唇	イプスル	입술
舌	ヒョ	혀
耳	キィ	귀
ほお	パム/ポル	뺨 / 볼
あご	トヶ	턱
のど	モヶ	목
ほくろ	チョム	점
にきび	ヨドゥルム	여드름
しわ	チュルム	주름

からだと心

● からだと心

会話してみよう！

(韓国人用)

kao	
atama	

1 あなたは頭が良い。

당신은 머리가 좋다.

タンシヌン モリガ チョタ

anatawa atamaga yoi

- nou
- hitai
- me
- mayu ge
- matsu ge
- hana

2 彼女は目が大きい。

그녀는 눈이 크다.

クニョヌン ヌニ クダ

kanojowa mega ookii

- hana ge
- kuchi
- ha
- kuchibiru
- shita

3 私はまつげが長い。

나는 속눈썹이 길다.

ナヌン ソクヌンソビ キルダ

watashiwa matsugega nagai

- mimi
- hoo
- ago
- nodo
- hokuro
- nikibi
- shiwa

4 あなたは鼻が高い。

당신은 코가 높다.

タンシヌン コガ ノプタ

anatawa hanaga takai

体の各部 ①

(日本語)	(カタカナ)	(ハングル文字)
身体	シンチェ	신체
上半身	サンバンシン	상반신
首	モク	목
肩	オッケ	어깨
胸	カスム	가슴
乳房	ユバン	유방
背中	ドゥン	등
腹	ペ	배
へそ	ペッコプ	배꼽
腰	ホリ	허리
うで	パル	팔
ひじ	パルクムチ	팔꿈치
手のひら	ソンバダク	손바닥
手首	ソンモク	손목
手	ソン	손
指	ソンカラク	손가락
つめ	ソントプ	손톱
皮膚	ピブ	피부
筋肉	クニュク	근육
血	ピ	피

からだと心

● からだと心

(韓国人用)

karada	
jou hanshin	
kubi	
kata	
mune	
chibusa	
senaka	
hara	
heso	
koshi	
ude	
hiji	
tenohira	
tekubi	
te	
yubi	
tsume	
hifu	
kin niku	
chi	

会話してみよう！

1 あなたは身体が細い。

당신은 (몸매가) 날씬하다.
タンシヌン（モムメガ）ナルシナダ

anatawa karadaga hosoi

2 彼は腕が太い。

그는 팔뚝이 굵다.
クヌン パルトゥギ クルタ

karewa udega futoi

3 手のひらに汗をかく。

손에 땀이 배인다.
ソネ タミ ペインダ

teno hirani asewo kaku

4 すぐつめが伸びる。

금방 손톱이 자란다.
クムバン ソントビ チャランダ

sugu tsumega nobiru

体の各部 ②

(日本語)	(カタカナ)	(ハングル文字)
下半身	ハバンシン	하반신
尻	オンドンイ	엉덩이
足	タリ	다리
ひざ	ムルプ	무릎
ふくらはぎ	チョンアリ	종아리
もも	ホボクチ	허벅지
すね	チョンガンイ	정강이
かかと	パルティックムチ	발뒤꿈치
足首	パルモク	발목
くるぶし	ポクサッピョ	복사뼈
足の裏	パルパダク	발바닥
脳	ヌェ	뇌
内臓	ネヂャン	내장
心臓	シムヂャン	심장
肺	ペェ	폐
肝臓	カンヂャン	간장
胃	ウィ	위
腎臓	シンヂャン	신장
腸	チャン / チャンヂャ	장 / 창자
骨	ピョ	뼈

● からだと心

会話してみよう！

(韓国人用)

ka hanshin
shiri
ashi
hiza
fukurahagi
momo
sune
kakato
ashi kubi
kurubushi
ashino ura
nou
naizou
shinzou
hai
kanzou
i
jinzou
chou
hone

1 ひざが痛い。

무릎이 아프다.
ムルビ アプダ

hizaga itai

2 足首をひねりました。

발목을 삐었어요.
パルモグル ピオッソヨ

ashikubiwo hinerimashita

3 胃の調子が良い。

속이 좋다.
ソギ チョタ

ino choushiga yoi

4 私の骨は丈夫です。

제 뼈는 튼튼합니다.
チェ ピョヌン トゥントゥナムニダ

watashino honewa joubu desu

体の様子

(日本語)	(カタカナ)	(ハングル文字)
身長	シンチャン / キ	신장 / 키
背が高い	キガ クダ	키가 크다
背が低い	キガ チャクタ	키가 작다
体重	チェヂュン	체중
太っている	トゥントゥンハダ	뚱뚱하다
やせている	マルダ	마르다
脂肪	チバン	지방
スタイルが良い	スタイリ チョタ	스타일이 좋다
体格が良い	チェギョギ チョタ	체격이 좋다
髪型	ヘオ スタイル	헤어 스타일
男らしい	ナムヂャタプタ	남자답다
女らしい	ヨソンスロプタ	여성스럽다
美しい	アルムダプタ	아름답다
かわいい	キヨプタ	귀엽다
ハンサムな	ヘンソマン	핸섬한
醜い	チュハダ	추하다
健康	コンガン	건강
疲れる	ピゴナダ	피곤하다
一重まぶた	ウェッコプル	외꺼풀
二重まぶた	サンッコプル	쌍꺼풀

● からだと心

会話してみよう！

(韓国人用)

shinchou

sega takai

sega hikui

taijuu

futotte iru

yasete iru

shibou

sutairuga yoi

taikakuga yoi

kamigata

otoko rashii

onna rashii

utsukushii

kawaii

hansamuna

minikui

kenkou

tsukareru

hitoe mabuta

futae mabuta

① 身長はいくつですか？

키가 몇 센치세요?
キガ ミョッセンチセヨ

shinchouwa ikutsu desuka

② 175cmです。

백칠십오 센치입니다.
ペクチルシボ センチイムニダ

hyaku nanajuu go senchi desu

③ 体重が5kg増えた。

체중이 오 킬로 늘었다.
チェヂュンイ オキルロ ヌロッタ

taijuuga gokiro fueta

④ 今日はとても疲れた。

오늘은 너무 피곤했다.
オヌルン ノム ピゴネッタ

kyouwa totemo tsukareta

基本的な動作 ①

(日本語)	(カタカナ)	(ハングル文字)
行く	カダ	가다
帰る	トラカダ	돌아가다
来る	オダ	오다
歩く	コッタ	걷다
走る	タルリダ	달리다
見る	ポダ	보다
見える	ポイダ	보이다
聞く	トゥッタ	듣다
聞こえる	トゥルリダ	들리다
会う	マンナダ	만나다
話す	マラダ	말하다
読む	イルタ	읽다
書く	スダ	쓰다
遊ぶ	ノルダ	놀다
待つ	キダリダ	기다리다
立つ	ソダ	서다
座る	アンタ	앉다
笑う	ウッタ	웃다
怒る	ファネダ	화내다
泣く	ウルダ	울다

からだと心

● からだと心

会話してみよう！

(韓国人用)

iku

kaeru

kuru

aruku

hashiru

miru

mieru

kiku

kikoeru

au

hanasu

yomu

kaku

asobu

matsu

tatsu

suwaru

warau

okoru

naku

1 どこに行きますか？

어디에 가세요?

オディエ ガセヨ

dokoni ikimasuka?

2 私は家に帰ります。

저는 집에 돌아갑니다.

チョヌン チベ トラガムニダ

watashiwa ieni kaerimasu

3 友達に会いに行く。

친구를 만나러 간다.

チングルル マンナロ カンダ

tomodachi ni aini iku

4 座って下さい。

앉으세요.

アンヂュセヨ

suwatte kudasai

基本的な動作 ②

(日本語)	(カタカナ)	(ハングル文字)
起きる	イロナダ	일어나다
寝る	チャダ	자다
触る	マンヂダ	만지다
取る	チャプタ / チプタ	잡다 / 짚다
置く	トゥダ	두다
拾う	チュプタ	줍다
捨てる	ポリダ	버리다
運ぶ	オムギダ	옮기다
押す	ミルダ / ヌルダ	밀다 / 누르다
引く	タンギダ	당기다
受ける	パッタ	받다
出す	ネダ	내다
指す	カリキダ	가리키다
つかむ	プッチャプタ	붙잡다
乗る	タダ	타다
降りる	ネリダ	내리다
叩く	トゥドゥリダ	두드리다
使う	サヨンハダ	사용하다
探す	チャッタ	찾다
塗る	チラダ	칠하다

からだと心

● からだと心

(韓国人用)

会話してみよう！

okiru

neru

sawaru

toru

oku

hirou

suteru

hakobu

osu

hiku

ukeru

dasu

sasu

tsukamu

noru

oriru

tataku

tsukau

sagasu

nuru

1 あした、何時に起きますか？

내일, 몇 시에 일어나실거예요?
ネイル、ミョッシエ イロナシルコエヨ

ashita nanjini okimasuka?

2 触っても良いですか？

만져 봐도 괜찮아요?
マンヂョバド ケンチャナヨ

sawattemo yoidesuka?

3 ゴミを拾いましょう。

쓰레기를 주웁시다.
スレギルル チュウプシダ

gomiwo hiroimashou

4 人を指してはいけません。

사람한테 손가락질을 해서는 안돼요
サラマンテ ソンカラッチルル ヘソヌン　アンデヨ

hitowo sashitewa ikemasen

知覚を使う

(日本語)	(カタカナ)	(ハングル文字)
考える	センガカダ	생각하다
感じる	ヌッキダ	느끼다
思う	センガカダ	생각하다
覚える	キオカダ	기억하다
思い出す	センガンナダ	생각나다
忘れる	イッタ	잊다
悩む	コミナダ	고민하다
信じる	ミッタ	믿다
疑う	ウィシマダ	의심하다
期待する	キデハダ	기대하다
想像する	サンサンハダ	상상하다
説明する	ソルミョンハダ	설명하다
理解する	イヘハダ	이해하다
誤解する	オヘハダ	오해하다
知る	アルダ	알다
興味を持つ	フンミルル カヂダ	흥미를 가지다
決める	チョンハダ	정하다
匂う	ヒァンギロプタ	향기롭다
予想する	イェサンハダ	예상하다
残念に思う	ユガムスロプケ センガカダ	유감스럽게 생각하다

からだと心

● からだと心

(韓国人用)

kangaeru

kanjiru

omou

oboeru

omoidasu

wasureru

nayamu

shinjiru

utagau

kitai suru

souzou suru

setsumei suru

rikai suru

gokai suru

shiru

kyoumiwo motsu

kimeru

niou

yosou suru

zannenni omou

会話してみよう！

1 あなたは考えすぎです。

당신은 너무 깊게 생각합니다.

タンシヌン ノム キプケ センガカムニダ

anatawa kangae sugi desu

2 私の事、覚えていますか？

저를 기억하세요?

チョルル キオカセヨ

watashino koto oboete imasuka?

3 彼を知っていますか？

그를 아세요?

クルル アセヨ

karewo shitte imasuka?

4 韓国の文化に興味を持っています。

한국 문화에 흥미를 가지고 있어요.

ハングンムナエ フンミルル カヂゴ イッソヨ

kankokuno bunkani kyoumiwo motte imasu

感情

(日本語)	(カタカナ)	(ハングル文字)
好き	チョタ	좋다
嫌い	シルタ	싫다
悲しい	スルプダ	슬프다
寂しい	ウェロプタ	외롭다
がっかりする	シルマンハダ	실망하다
同情する	トンヂョンハダ	동정하다
悔しい	プナダ	분하다
後悔する	フフェハダ	후회하다
残念な	ユガムスロウン	유감스러운
うれしい	キップダ	기쁘다
感動する	カムドンハダ	감동하다
面白い	チェミイッタ	재미있다
幸せな	ヘンボカン	행복한
満足する	マンヂョカダ	만족하다
羨ましい	プロプタ	부럽다
恥ずかしい	プックロプタ	부끄럽다
心配する	コクチョンハダ	걱정하다
憎む	ウォンマンハダ	원망하다
驚く	ノルラダ	놀라다
恐れる	トゥリョウォハダ	두려워하다

● からだと心

会話してみよう！

(韓国人用)

suki

kirai

kanashii

sabishii

gakkari suru

doujou suru

kuyashii

koukai suru

zannen na

ureshii

kandou suru

omoshiroi

shiawase na

manzoku suru

urayamashii

hazukashii

shinpai suru

nikumu

odoroku

osoreru

1 私は韓国人が好きです。

저는 한국 사람이 좋아요.

チョヌン ハングク サラミ チョアヨ

watashiwa kankokujinga suki desu

2 おなかいっぱいです。

배가 불러요.

ペガ プルロヨ

onaka ippai desu

3 とてもうれしいです。

너무 기뻐요.

ノム キッポヨ

totemo ureshii desu

4 今、私はとても幸せです。

지금, 저는 너무 행복합니다.

チグム、チョヌン ノム ヘンボカムニダ

ima watashiwa totemo shiawase desu

生理現象

(日本語)	(カタカナ)	(ハングル文字)
汗をかく	タムル フルリダ	땀을 흘리다
おしっこをする	ソビョヌル ポダ	소변을 보다
うんちする	テビョヌル ポダ	대변을 보다
オナラをする	パンギィルル キィダ	방귀를 뀌다
あくびをする	ハプムル ハダ	하품을 하다
眠たい	チョルリダ	졸리다
いびきをかく	コルル コルダ	코를 골다
目やに	ヌンコブ	눈곱
涙	ヌンムル	눈물
つば	チム	침
息をする	スムル シダ	숨을 쉬다
せきをする	キチムル ハダ	기침을 하다
くしゃみをする	チェチェギルル ハダ	재채기를 하다
鼻水が出る	コンムリ ナオダ	콧물이 나오다
げっぷする	トゥリムル ハダ	트림을 하다
しゃっくりをする	タルクッチルル ハダ	딸꾹질을 하다
髪がのびる	モリカラギ チャラダ	머리카락이 자라다
ひげをたくわえる	スヨムル キルダ	수염을 기르다
月経	ウォルギョン	월경
妊娠する	イムシナダ	임신하다

からだと心

● からだと心

会話してみよう！

(韓国人用)

asewo kaku

oshikkowo suru

unchi suru

onarawo suru

akubiwo suru

nemutai

ibikiwo kaku

meyani

namida

tsuba

ikiwo suru

sekiwo suru

kushamiwo suru

hanamizuga deru

geppu suru

shakkuriwo suru

kamiga nobiru

higewo takuwaeru

gekkei

ninshin suru

1 暑くて汗がたくさん出ます。

더워서 땀이 많이 나요.
トウォソ タミ マニ ナヨ

atsukute asega takusan demasu

2 おしっこがしたいです。

소변 보고 싶어요.
ソビョン ポゴ シポヨ

oshikkoga shitai desu

3 涙がでてきます。

눈물이 나와요.
ヌンムリ ナワヨ

namidaga dete kimasu

4 しゃっくりがとまらない。

딸꾹질이 멈추질 않는다.
タルククチリ モムチュヂル アンヌンダ

shakkuriga tomaranai

飛行機

(日本語)	(カタカナ)	(ハングル文字)
飛行機	ピヘンギ	비행기
搭乗する	タプスンハダ	탑승하다
空港	コンハン	공항
航空券	ハンゴンクォン	항공권
片道	ピョンド	편도
往復	ワンボㇰ	왕복
便	ピョン	편
国際線	クㇰチェソン	국제선
国内線	クンネソン	국내선
予約する	イェヤカダ	예약하다
空席	ピンヂャリ	빈자리
満席	マンソㇰ	만석
パスポート	ヨクォン	여권
ビザ	ピヂャ	비자
入国審査	イプクㇰシムサ	입국심사
税関	セグァン	세관
到着ゲート	トチャㇰ ゲイトゥ	도착 게이트
出発ゲート	チュルバル ゲイトゥ	출발 게이트
両替所	ファンヂョンソ	환전소
免税店	ミョンセヂョム	면세점

乗る

● 乗る

会話してみよう！

(韓国人用)

hikouki

toujou suru

kuukou

koukuuken

katamichi

oufuku

bin

kokusaisen

kokunaisen

yoyaku suru

kuuseki

manseki

pasupooto

biza

nyuukoku shinsa

zeikan

touchaku geeto

shuppatsu geeto

ryougaejo

menzeiten

1 インチョン空港に向かう。

인천 공항으로 향한다.
インチョン コンハンウロ ヒャンハンダ

inchon kuukouni mukau

2 往復航空券を買いたい。

왕복 항공권을 사고 싶다.
ワンボㇰ ハンゴンクォヌル サゴ シプタ

oufuku koukuukenwo kaitai

3 ビザを更新しなくてはなりません。

비자를 갱신하지 않으면 안돼요.
ビヂャルル ケンシナヂ アヌミョン アンデヨ

bizawo koushin shinakutewa narimasen

4 両替所はどこですか？

환전소는 어디입니까?
ファンチョンソヌン オディイムニカ

ryougaejowa doko desuka?

バス・タクシー・船

(日本語)	(カタカナ)	(ハングル文字)
運転する	ウンヂョンハダ	운전하다
止める	モムチュダ	멈추다
乗り換える	カラタダ	갈아 타다
運賃	ウニム	운임
バス	ボス	버스
タクシー	テクシ	택시
模範タクシー	モボム テクシ	모범 택시
船	ペ	배
フェリー	ペリホ	페리호
バス停留所	ボス チョンリュソ	버스 정류소
バスターミナル	ボス トミノル	버스 터미널
タクシー乗り場	テクシ スンガンヂャン	택시 승강장
港	ハング	항구
運転手	ウンヂョンス	운전수
乗客	スンゲゥ	승객
まっすぐ行く	チクチンハダ	직진하다
左折する	チャヘヂョンハダ	좌회전 하다
右折する	ウヘヂョンハダ	우회전 하다
急いで	ソドゥルロ	서둘러
ゆっくり走って	チョンチョニ タルリョ	천천히 달려

● 乗る

会話してみよう！

(韓国人用)

unten suru

tomeru

norikaeru

unchin

basu

takushii

mohan takushii

fune

ferii

basu teiryuujo

basu taaminaru

takusii noriba

minato

untenshu

joukyaku

massugu iku

sasetsu suru

usetsu suru

isoide

yukkuri hashitte

1 タクシーを止める。

택시를 잡다.

テクシルル チャプタ

takushiiwo tomeru

2 東大門まで行って下さい。

동대문까지 가 주세요.

トンデムンカヂ カヂュセヨ

tondemun made itte kudasai

3 そこを左に曲がって下さい。

거기서 좌회전 해 주세요.

コギソ チャヘヂョン ヘヂュセヨ

sokowo hidarini magatte kudasai

4 少し急いでもらえませんか？

조금 서둘러 주실래요?

チョグム ソトゥルロ ヂュシルレヨ

sukoshi isoide moraemasenka?

列車

(日本語)	(カタカナ)	(ハングル文字)
地下鉄	チハチョル	지하철
～路線	ノソン	～ 노선
改札口	ケチャルグ	개찰구
出口	チュルグ	출구
鉄道	チョルト	철도
駅	ヨㇰ	역
売店	メヂョム	매점
指定席	チヂョンソㇰ	지정석
自由席	チャユソㇰ	자유석
切符	キチャピョ	기차표
KRパス	ハングㇰ チョルト イヨンクォン	한국 철도 이용권
プラットホーム	プルレッホム	플랫홈
～番線	ボンソン	～ 번선
特等室	トゥクシル	특실
一般室	イルバンシル	일반실
寝台車	チムデチャ	침대차
高速鉄道（KTX）	コソㇰチョルト	고속철도
特急	トゥックプ	특급
鈍行	ワネン	완행
時刻表	シガンピョ	시간표

乗る

● 乗る

会話してみよう！

(韓国人用)

chikatetsu

~rosen

kaisatsu guchi

deguchi

tetsudou

eki

baiten

shitei seki

jiyuu seki

kippu

kee aaru pasu

puratto hoomu

~bansen

tokutoushitsu

ippanshitsu

shindaisha

kousoku tetsudou

tokkyuu

donkou

jikoku hyou

1 地下鉄は便利な乗り物です。

지하철은 편리한 교통 수단입니다.

チハチョルン ピョンリハン キョトンスダニムニダ

chikatestu wa benrina norimono desu

2 改札口で待ち合わせをしましょう。

개찰구 앞에서 만나기로 합시다.

ケチャルグ アペソ マンナギロ ハプシダ

kaisatsuguchide machiawasewo shimashou

3 高速鉄道のチケットを買いたいです。

고속 철도의 티켓을 사고 싶어요.

コソクチョルトエ ティケスル サゴシポヨ

kousokutetsudouno chikettowo kaitai desu

4 何時に出発しますか？

몇 시에 출발 하세요?

ミョッシエ チュルバル ハセヨ

nanjini shuppatsu shimasuka

ホテル①

(日本語)	(カタカナ)	(ハングル文字)
泊まる	スクパカダ	숙박하다
ホテル	ホテル	호텔
フロント	プロントゥ	프론트
宿泊料	スクパンニョ	숙박료
セイフティボックス	セイプティ パクス	세이프티 박스
チェックイン	チェクイン	체크 인
チェックアウト	チェクアウッ	체크 아웃
ボーイ	ホテル チョンサウォン	호텔 종사원
メイド	ケクシル トウミ	객실 도우미
チップ	ティプ	팁
部屋番号	パンボノ	방 번호
ミニバー	ミニバ	미니바
ベッド	チムデ	침대
トイレ	ファヂャンシル	화장실
エアコン付き	エオコン ソルビ	에어컨 설비
バス付き	モギョクタン ソルビ	목욕탕 설비
ルームサービス	ルム ソビス	룸 써비스
ランドリーサービス	セタク ソビス	세탁 써비스
非常口	ピサング	비상구
エレベーター	エルリベイト	엘리베이터

泊まる

● 泊まる

会話してみよう！

(韓国人用)

tomaru

hoteru

furonto

shukuhaku ryou

seifuthii bokkusu

chekku in

chekku auto

booi

meido

chippu

heya bangou

mini baa

beddo

toire

eakon tsuki

basu tsuki

ruumu saabisu

randorii saabisu

hijou guchi

erebeetaa

1 …ホテルはどこですか？

…호텔은 어디입니까?

ホテルン オディイムニカ

…hoteruwa doko desuka

2 モーニングコールを6:00にお願いします。

여섯시에 모닝콜 부탁해요.

ヨソョッシエ モニンコル プタケヨ

mooningukooruwo rokuji ni onegai shimasu

3 チェックアウトは何時ですか？

체크아웃은 몇 시입니까?

チェクアウスン ミョッシイムニカ

chekkuautowa nanji desuka?

4 私の部屋は1608号室です。

제 방은 천육백팔 호실입니다.

チェバンウン チョニュクペクパロ シリムニダ

watashino heyawa ichi roku zero hachi goushitsu desu

ホテル ②

(日本語)	(カタカナ)	(ハングル文字)
旅館	ヨグァン	여관
民宿（民泊）	ミンバク	민박
スィートルーム	スウィトゥ ルム	스위트 룸
シングルルーム	シングル ルム	싱글 룸
ツインルーム	トゥイン ルム	트윈 룸
ダブルルーム	ドブル ルム	더블 룸
エアコンなし	エオコン オプスム	에어컨 없음
エアコンあり	エオコン イッスム	에어컨 있음
扇風機付き	ソンプンギ ソルビ	선풍기 설비
扇風機なし	ソンプンギ オプスム	선풍기 없음
テレビ付き	テルレビヂョン ソルビ	텔레비젼 설비
テレビなし	テルレビヂョン オプスム	텔레비젼 없음
共同部屋	コンドンシル	공동실
共同トイレ	コンドン ファヂャンシル	공동 화장실
共同シャワー	コンドン シャウォシル	공동 샤워실
一番安い部屋	チェイル サンバン	제일 싼 방
監視カメラ	カムシ カメラ	감시 카메라
禁煙	クミョン	금연
ルームメイキング	ルム メイキン	룸 메이킹
南京錠	チャグン チャムルセ	작은 자물쇠

泊まる

● 泊まる

(韓国人用)

ryokan

minshuku

suiito ruumu

shinguru ruumu

tsuin ruumu

daburu ruumu

eakon nashi

eakon ari

senpuuki tsuki

senpuuki nashi

terebi tsuki

terebi nashi

kyoudou beya

kyoudou toire

kyoudou shawaa

ichiban yasui heya

kanshi kamera

kin en

ruumu meikingu

nankin jou

会話してみよう！

1 安い民宿（民泊）を知っていますか？

싼 민박집을 알고 계세요?
サン ミンバクチブル アルゴ ケセヨ

yasui minshukuwo shitte imasuka?

2 共同部屋はいやです。

공동실은 싫어요.
コンドンシルン シロヨ

kyoudoubeyawa iya desu

3 エアコンなしの部屋でいいです。

에어컨 없는 방으로 괜찮아요.
エオコン オムヌン パンウロ ケンチャナヨ

eakon nashino heyade iidesu

4 部屋を掃除して下さい。

방청소를 해 주세요.
パンチョンソルル ヘヂュセヨ

heyawo souji shite kudasai

アパート

(日本語)	(カタカナ)	(ハングル文字)
アパート	アパトゥ	아파트
部屋探し	パン クハギ	방 구하기
保証金	ポヂュングム	보증금
水道料金	スドヨグム	수도 요금
電気料金	チョンギヨグム	전기 요금
電話代	チョナセ	전화세
ガスコンロ	ガス コルロ	가스곤로
家具	カグ	가구
シャワー	シャウォギ	샤워기
ゆぶね	ヨクチョ	욕조
家賃	チプセ	집세
支払日	チブリル / キョルチェイル	지불일 / 결제일
紹介手数料	チュンゲ ススリョ	중계 수수료
相場	シセ	시세
ケーブルテレビ	ケイブル ティブイ	케이블 티브이
広い	ノルタ	넓다
狭い	チョプタ	좁다
良い	チョタ	좋다
管理人	クァンリイン	관리인
警備員	キョンビウォン	경비원

泊まる

● 泊まる

(韓国人用)

apaato	
heya sagashi	
hoshoukin	
suidou ryoukin	
denki ryoukin	
denwa dai	
gasu konro	
kagu	
shawaa	
yubune	
yachin	
shiharai bi	
shoukai tesuuryou	
souba	
keeburu terebi	
hiroi	
semai	
yoi	
kanri nin	
keibi in	

会話してみよう！

1 空き部屋はありますか？

빈 방 있어요?

ピンバン イッソヨ

akibeyawa arimasuka?

2 保証金はいくらですか？

보증금은 얼마입니까?

ポヂュングムン オルマイムニカ

hoshoukinwa ikura desuka?

3 家賃は月いくらですか？

한달 집세는 얼마입니까?

ハンダル チプセヌン オルマイムニカ

yachinwa tsuki ikura desuka?

4 この辺りの相場はいくらですか？

이 근처 시세는 얼마입니까?

イ クンチョ シセヌン オルマイムニカ

konoatarino soubawa ikura desuka?

レストラン

(日本語)	(カタカナ)	(ハングル文字)
レストラン	レストラン	레스토랑
韓国料理	ハングㇰ ヨリ	한국 요리
日本料理	イルボン ヨリ	일본 요리
中華料理	チュンファ ヨリ	중화 요리
イタリア料理	イタルリア ヨリ	이탈리아 요리
フランス料理	プランス ヨリ	프랑스 요리
インド料理	インド ヨリ	인도 요리
シーフード料理	シプドゥ ヨリ	씨푸드 요리
洋食	ヤンシㇰ	양식
メニュー	メニュ	메뉴
ウェイトレス	ウェイトゥリス	웨이트리스
セルフサービス	セルプ ソビス	셀프 써비스
注文する	チュムンハダ	주문하다
勘定する	ケサンハダ	계산하다
乾杯	コンベ	건배
バイキング（食べ放題）	ビペ	뷔페
コース料理	コス ヨリ	코스 요리
すみません（呼びかけ）	チョギヨ	저기요
ください	チュセヨ	주세요
おつりはいりません	チャンドヌン ピリョオプソヨ	잔돈은 필요 없어요.

食べる

● 食べる

会話してみよう！

(韓国人用)

resutoran

kankoku ryouri

nihon ryouri

chuuka ryouri

itaria ryouri

furansu ryouri

indo ryouri

shiifuudo ryouri

youshoku

menyuu

weitoresu

serufu saabisu

chuumon suru

kanjou suru

kanpai

baikingu

koosu ryouri

sumimasen

kudasai

otsuriwa irimasen

1 おすすめの料理は何ですか？

추천 요리는 무엇입니까?
チュチョン ヨリヌン ムオシムニカ

osusumeno ryouriwa nan desuka?

2 メニューをください。

메뉴판 좀 주세요.
メニュパン ヂョム ヂュセヨ

menyuuwo kudasai

3 肉料理が食べたいです。

육류 요리가 먹고 싶어요.
ユンニュ ヨリガ モッコ シポヨ

niku ryouriga tabetai desu

4 魚料理が食べたいです。

생선 요리가 먹고 싶어요.
センソン ヨリガ モッコシポヨ

sakana ryouriga tabetai desu

味・調味料

(日本語)	(カタカナ)	(ハングル文字)
味	マッ	맛
おいしい	マシッタ	맛있다
まずい	マドプタ	맛없다
辛い	メプタ	맵다
甘い	タルダ	달다
酸っぱい	シダ	시다
塩辛い	チャダ	짜다
にがい	スダ	쓰다
調味料	チョミリョ	조미료
唐辛子	コチュカル	고춧가루
砂糖	ソルタン	설탕
塩	ソグム	소금
味噌	テンヂャン	된장
醤油	カンヂャン	간장
酢	シクチョ	식초
こしょう	フチュ	후추
タレ	ヤンニョムヂャン	양념장
ごま油	チャムギルム	참기름
唐辛子みそ	コチュヂャン	고추장
化学調味料	ファハク チョミリョ	화학 조미료

食べる

● 食べる

(韓国人用)

- aji
- oishii
- mazui
- karai
- amai
- suppai
- shio karai
- nigai
- choumi ryou
- tougarashi
- satou
- shio
- miso
- shouyu
- su
- koshou
- tare
- goma abura
- tougarashi miso
- kagaku choumiryou

会話してみよう！

1 とてもおいしかったです。

너무 맛있었어요.

ノム マシッソッソヨ

totemo oishikatta desu

2 しょうゆはありますか？

간장은 있어요?

カンチャンウン イッソヨ

shouyuwa arimasuka?

3 ごま油を入れるとおいしいです。

참기름을 넣으면 맛있어요.

チャムギルムル ノウミョン マシッソヨ

gomaaburawo ireruto oishiidesu

4 唐辛子は入れないで下さい。

고춧가루는 넣지 마세요.

コチュカルヌン ノチ マセヨ

tougarashiwa irenaide kudasai

料理名

(日本語)	(カタカナ)	(ハングル文字)
骨付きカルビ	カルビ	갈비
豚カルビ	テヂ カルビ	돼지 갈비
モツ焼き	コプチャン グイ	곱창 구이
プルコギ	プルコギ	불고기
参鶏湯	サムゲタン	삼계탕
テールスープ（コムタン）	コムタン	곰탕
鍋（チゲ）	チゲ	찌게
雑炊（クッパ）	クッパプ	국밥
冷麺	ネンミョン	냉면
お好み焼き（韓国風）	プチムゲ	부침개
焼き魚	センソン グイ	생선 구이
石焼きビビンバ	トルソッ ピビムパプ	돌솥 비빔밥
牛肉刺身（ユッケ）	ユケ	육회
生タコ刺身	サンナッチ	산낙지
渡り蟹キムチ（ケジャン）	ケヂャン	게장
和え物（ナムル）	ナムル	나물
白菜キムチ（キムチ）	ペチュ キムチ	배추 김치
胡瓜キムチ（オイキムチ）	オイ ソバキ	오이 소박이
大根キムチ（カクテキ）	カクトウギ	깍두기
塩辛	チョッカル	젓갈

食べる

● 食べる

会話してみよう！

(韓国人用)

- honetsuki karubi
- buta karubi
- motsu yaki
- purukogi
- sangetan
- teeru suupu
- nabe
- zousui
- reimen
- okonomi yaki
- yaki zakana
- ishiyaki bibinba
- gyuuniku sashimi
- nama tako sashimi
- watarigani kimuchi
- aemono
- hakusai kimuchi
- kyuuri kimuchi
- daikon kimuchi
- shiokara

1
骨付きカルビは日本でとても有名です。

갈비는 일본에서 매우 유명합니다.
<u>カルビヌン イルボネソ メウ ユミョンハムニダ</u>

honetsukikarubiwa nihonde totemo yuumei desu

2
チゲは二日酔いに効きます。

찌게는 숙취에 좋아요.
<u>チゲヌン スクチィエ チョアヨ</u>

chigewa futsukayoini kikimasu

3
韓国ではキムチをよく食べます。

한국에서는 김치를 자주 먹어요.
<u>ハングゲソヌン キムチルル チャヂュ モゴヨ</u>

kankokudewa kimuchiwo yoku tabemasu

4
刺身をおつまみでお願いします。

술 안주로 생선회를 부탁합니다.
<u>スル アンヂュロ センソンフェルル プタカムニダ</u>

sashimiwo otsumamide onegai shimasu

食事に関する言葉

(日本語)	(カタカナ)	(ハングル文字)
食べる	モクタ	먹다
腹が減る	ペゴプダ	배고프다
飲む	マシダ	마시다
のどが渇く	カルチュンナダ	갈증나다
味わう	マッポダ	맛보다
満腹になる	ペブルダ	배부르다
昼食	チョムシムシクサ	점심식사
夕食	チョニョクシクサ	저녁식사
おやつ	カンシク	간식
飲み物	ウムニョス	음료수
おかず	パンチャン	반찬
大盛り	コプペギ	곱배기
おかわり	ハン クルットー	한 그릇 더
お皿	チョプシ	접시
小皿	アプチョプシ	앞 접시
どんぶり	サバル	사발
スプーン	スッカラク	숟가락
フォーク	ポク	포크
ナイフ	ナイプ	나이프
はし	チョッカラク	젓가락

● 食べる

会話してみよう！

(韓国人用)

taberu

haraga heru

nomu

nodoga kawaku

ajiwau

manpukuni naru

chuushoku

yuushoku

oyatsu

nomimono

okazu

oomori

okawari

osara

kozara

donburi

supuun

fooku

naifu

hashi

1 おなかが減って死にそうです。

배가 고파서 죽을 것 같아요.

ペガ コパソ チュグルコ カタヨ

onakaga hette shini soudesu

2 今日の夕食は何ですか？

오늘 저녁 식사는 무엇입니까？

オヌル チョニョㇰ シㇰサヌン ムオシㇺニカ

kyouno yuushokuwa nan desuka

3 飲み物は何がいいですか？

음료수는 뭐가 좋으세요？

ウムニョスヌン ムォガ チョウセヨ

nomimonowa naniga iidesuka？

4 おいしいので、おかわりします。

맛있어서 한 그릇 더 먹겠어요.

マシッソソ ハン クルット― モッケソヨ

oishiinode okawari shimasu

調理法

(日本語)	(カタカナ)	(ハングル文字)
焼く	クプタ	굽다
炒める	ポクタ	볶다
蒸す	チダ	찌다
煮る	チョリダ	조리다
炊く	パブル チッタ	밥을 짓다
揚げる	ティギダ	튀기다
あぶる	サルッチャク クプタ	살짝 굽다
生	セン / ナル	생 / 날
混ぜる	ソクタ	섞다
切る	チャルダ	자르다
ゆでる	サムタ	삶다
水切り	ムルキ チェゴ	물기 제거
しこむ	タムグダ	담그다
ねかす	チェウダ	재우다
いぶす	クスルリダ	그슬리다
干す	マルリダ	말리다
さばく	ソンヂラダ	손질하다
くしに刺す	コチエ キウダ	꼬치에 끼우다
漬ける（キムチなど）	タムグダ	담그다
付ける（塩に）	チョリダ	절이다

食べる

● 食べる

会話してみよう！

(韓国人用)

yaku

itameru

musu

niru

taku

ageru

aburu

nama

mazeru

kiru

yuderu

mizukiri

shikomu

nekasu

ibusu

hosu

sabaku

kushini sasu

tsukeru

tsukeru (shioni)

1 よく焼いて下さい。

잘 구워 주세요.
チャル クウォ ヂュセヨ

yoku yaite kudasai

2 炒めものが好きです。

볶음 요리를 좋아합니다.
ポックム ヨリルル チョアハムニダ

itamemonoga suki desu

3 ナマモノは食べられません。

날 것은 못 먹어요.
ナルゴスン モンモゴヨ

namamonowa taberaremasen

4 くし焼きが食べたいです。

꼬치 구이가 먹고 싶어요.
コチグイガ モッコシポヨ

kushiyakiga tabetai desu

料理の材料

(日本語)	(カタカナ)	(ハングル文字)
卵	タルギャル	달걀
米	サル	쌀
豆腐	トゥブ	두부
牛肉	セコギ	쇠고기
豚肉	テヂゴギ	돼지고기
鶏肉	タッコギ	닭고기
レバー	カン	간
モツ（内臓）	コプチャン / ネチャン	곱창 / 내장
魚	センソン	생선
太刀魚	カルチ	갈치
いしもち	チョギ	조기
たら	テグ	대구
タコ	ムノ	문어
イカ	オヂンオ	오징어
エビ	セウ	새우
カニ	ケ	게
貝	チョゲ	조개
カキ	クル	굴
アワビ	チョンボク	전복
のり	キム	김

食べる

会話してみよう！

(韓国人用)

tamago

kome

toufu

gyuu niku

buta niku

tori niku

rebaa

motsu, naizou

sakana

tachiuo

ishimochi

tara

tako

ika

ebi

kani

kai

kaki

awabi

nori

1 卵を入れて下さい。

달걀을 넣어 주세요.
タルギャルル ノオヂュセヨ

tamagowo irete kudasai

2 豆腐を使った料理が食べたいです。

두부로 만든 요리가 먹고 싶어요.
トゥブロ マンドゥン ヨリガ モッコシポヨ

toufuwo tsukatta ryouriga tabetai desu

3 牛肉は食べられますか？

쇠고기는 드세요?
セゴギヌン トゥセヨ？

gyuunikuwa taberaremasuka?

4 貝類は食べられません。

조개류는 못 먹어요.
チョゲリュヌン モンモゴヨ

kairuiwa taberaremasen

野菜・果物

(日本語)	(カタカナ)	(ハングル文字)
野菜	ヤチェ	야채
サンチュ	サンチュ	상추
じゃがいも	カムヂャ	감자
にんじん	タングン	당근
ニラ	プチュ	부추
たまねぎ	ヤンパ	양파
ねぎ	パ	파
豆もやし	コンナムル	콩나물
にんにく	マヌル	마늘
しょうが	センガン	생강
ゴマ葉	ケンニプ	깻잎
高麗にんじん	インサム	인삼
きのこ	ポソッ	버섯
まつたけ	ソンイ ポソッ	송이 버섯
しいたけ	ピョゴ ポソッ	표고 버섯
果物	クァイル	과일
なし	ペ	배
かき	カム	감
りんご	サグァ	사과
みかん	キュル	귤

食べる

● 食べる

会話してみよう！

(韓国人用)

yasai

sanchu

jagaimo

ninjin

nira

tamanegi

negi

mamemoyashi

ninniku

shouga

goma ha

kourai ninjin

kinoko

matsutake

shiitake

kudamono

nashi

kaki

ringo

mikan

1 野菜料理を食べたいです。

야채 요리가 먹고 싶어요.
ヤチェ ヨリガ モッコシポヨ

yasairyouriwo tabetai desu

2 たまねぎは入れないで下さい。

양파는 넣지 마세요.
ヤンパヌン ノチ マセヨ

tamanegiwa irenaide kudasai

3 高麗にんじんは薬にもなります。

인삼은 약도 됩니다.
インサムン ヤクト テムニダ

kouraininjinwa kusurinimo narimasu

4 日本人は果物が大好きです。

일본사람은 과일을 매우 좋아합니다.
イルボンサラムン クァイルル メウ チョアハムニダ

nihonjinwa kudamonoga daisuki desu

飲み物とデザート

(日本語)	(カタカナ)	(ハングル文字)
水	ムル	물
氷	オルム	얼음
お湯	トゥゴウン ムル	뜨거운 물
熱い	トゥゴプタ	뜨겁다
冷たい	チャダ	차다
お茶	チャ	차
紅茶	ホンチャ	홍차
ミルクティー	ミルクティ	밀크티
レモンティー	レモンティ	레몬티
コーヒー	コピ	커피
アイスコーヒー	アイス コピ	아이스 커피
牛乳	ウユ	우유
オレンジジュース	オレンヂ ヂュス	오렌지 쥬스
コーラ	コルラ	콜라
お菓子	クァヂャ	과자
アイスクリーム	アイスクリム	아이스크림
クレープ	クレペ	크레페
チョコバナナ	チョコ バナナ	초코 바나나
餅	トゥ	떡
かき氷（韓国風）	パッピンス	팥빙수

食べる

● 食べる

会話してみよう！

(韓国人用)

mizu

koori

oyu

atsui

tsumetai

ocha

koucha

miruku thii

remon thii

koohii

aisu koohii

gyuu nyuu

orenji juusu

koora

okashi

aisu kuriimu

kureepu

choko banana

mochi

kakigouri

① 冷たい水をお願いします。

차가운 물 주세요.

チャガウン ムル デュセヨ

tsumetai mizuwo onegai shimasu

② 氷を入れて下さい。

얼음을 넣어 주세요.

オルムル ノオ デュセヨ

kooriwo irete kudasai

③ チョコバナナをください。

쵸코 바나나를 주세요.

チョコ バナナルル デュセヨ

chokobananawo kudasai

④ かき氷はかき混ぜてから食べます。

팥빙수는 잘 섞은 후에 먹어요.

パッピンスヌン チャル ソックンフエ モゴヨ

kakigooriwa kakimazetekara tabemasu

買い物

(日本語)	(カタカナ)	(ハングル文字)
店	カゲ	가게
市場	シヂャン	시장
デパート	ペカヂョム	백화점
スーパーマーケット	シュポマケッ	슈퍼마켓
店員	チョモン	점원
客	ソンニム	손님
買う	サダ	사다
選ぶ	コルダ	고르다
試着する	イボボダ	입어보다
高い	ピッサダ	비싸다
安い	サダ	싸다
払う	チブラダ	지불하다
返品する	パンプマダ	반품하다
交換する	キョファナダ	교환하다
定価	チョンカ	정가
割引	ハリン	할인
バーゲン	バゲン セイル	바겐 세일
タダ	コンッチャ	공짜
つり銭	チャンドン / コスルムトン	잔돈 / 거스름돈
レジ	ケサンデ	계산대

楽しむ

● 楽しむ

会話してみよう！

(韓国人用)

mise
ichiba
depaato
suupaa maaketto
ten in
kyaku
kau
erabu
shichaku suru
takai
yasui
harau
henpin suru
koukan suru
teika
waribiki
baagen
tada
tsurisen
reji

1 有名な市場はどこですか？

유명한 시장은 어디입니까?
ユミョンハン シヂャンウン オディイムニカ

yuumeina ichibawa doko desuka?

2 安くなりませんか？

싸게 안됩니까?
サゲ アンデムニカ

yasuku narima senka?

3 高すぎます。

너무 비싸요.
ノム ピッサヨ

takasugimasu

4 試着してもいいですか？

입어봐도 괜찮아요?
イボバド ケンチャナヨ

shichaku shitemo iidesuka?

洋服

(日本語)	(カタカナ)	(ハングル文字)
洋服	ヤンボク	양복
着る	イプタ	입다
脱ぐ	ポッタ	벗다
ワンピース	ウォンピス	원피스
ドレス	ドゥレス	드레스
ズボン	パヂ	바지
スカート	チマ	치마
ブラウス	ブルラウス	블라우스
シャツ	ショツ	셔츠
長袖	キンソメ	긴 소매
半袖	パンソメ	반 소매
コート	コトゥ	코트
セーター	スウェト	스웨터
Tシャツ	ティ ショツ	티 셔츠
半ズボン	パンパヂ	반 바지
ジーンズ	チョンパヂ	청 바지
寝間着	チャモッ	잠옷
水着	スヨンボク	수영복
チョゴリ（男性用）	ナムヂャ ハンボク	남자 한복
チョゴリ（女性用）	ヨヂャ ハンボク	여자 한복

楽しむ

● 楽しむ

会話してみよう！

(韓国人用)

youfuku

kiru

nugu

wanpiisu

doresu

zubon

sukaato

burausu

shatsu

naga sode

han sode

kooto

seetaa

thii shatsu

han zubon

jiinzu

nemaki

mizugi

chogori

chogori

1 洋服を買いに行きたいです。

옷을 사러 가고 싶어요.
オスル サロ カゴ シポヨ

youfukuwo kaini ikitai desu

2 この洋服はとてもかわいいです。

이 옷은 너무 예뻐요.
イ オスン ノム イェッポヨ

kono youfukuwa totemo kawaii desu

3 ハングル文字のTシャツが欲しいです。

한글로 된 티셔츠를 사고 싶어요.
ハングルロ テン ティショツルル サゴシポヨ

hangurumojino thiishatsuga hoshii desu

4 韓国の民族衣装が欲しいです。

한복을 사고 싶어요.
ハンボグル サゴ シポヨ

kankokuno minzokuishouga hoshii desu

観光

(日本語)	(カタカナ)	(ハングル文字)
お寺	チョル	절
宮殿	クンヂョン	궁전
故宮	コグン	고궁
博物館	パンムルグァン	박물관
動物園	トンムルウォン	동물원
美術館	ミスルグァン	미술관
劇場	ククチャン	극장
遺跡	ユヂョク	유적
入場料	イプチャンニョ	입장료
拝観料	ペグァンニョ	배관료
パンフレット	パムプルレッ	팜플렛
絵はがき	クリム ヨプソ	그림 엽서
島	ソム	섬
遊覧船	ユラムソン	유람선
ビーチ	ヘビョン	해변
公園	コンウォン	공원
城	ソン	성
門	ムン	문
世界文化遺産	セゲ ムナ ユサン	세계 문화 유산
ガイド(案内人)	ガイドゥ	가이드

楽しむ

● 楽しむ

会話してみよう！

(韓国人用)

otera

kyuuden

kokyuu

hakubutsu kan

doubutsu en

bijutsu kan

gekijou

iseki

nyuujou ryou

haikan ryou

panfuretto

e hagaki

shima

yuuran sen

biichi

kouen

shiro

mon

sekaibunkaisan

gaido,annai nin

1 観光スポットはどこですか？

관광 스폿은 어디입니까?

クァングァン スポスン オディイムニカ

kankou supottowa doko desuka?

2 故宮に行きたいです。

고궁에 가고 싶어요.

コグンエ カゴ シポヨ

kokyuuni ikitai desu

3 拝観料はいくらですか？

배관료는 얼마입니까?

ペグァンニョヌン オルマイムニカ

haikanryouwa ikura desuka?

4 ガイドをお願いできますか？

가이드를 부탁 드려도 될까요?

ガイドゥルル プタク ドゥリョド テルカヨ

gaidowo onegai dekimasuka?

ビーチ

(日本語)	(カタカナ)	(ハングル文字)
海	パダ	바다
島	ソム	섬
釣り	ナクシ	낚시
ビーチ	ヘビョン	해변
パラソル	パラソル	파라솔
チェア	ウィヂャ	의자
砂	モレ	모래
スノーケリング	スノケルリン	스노켈링
クルージング	クルヂン	크루징
サンゴ礁	サノチョ	산호초
バナナボート	バナナ ボトゥ	바나나 보트
ジェットボート	ヂェットゥ ボトゥ	젯트 보트
魚	ムルコギ	물고기
更衣室	タリシル	탈의실
水着	スヨンボク	수영복
ゴーグル	ゴグル	고글
日焼け止め	チャウェソン チャダンヂェ	자외선 차단제
虫除け	サルチュンヂェ	살충제
救命胴衣	クミョンチョッキ	구명조끼
浮き輪	テュブ	튜브

楽しむ

● 楽しむ

会話してみよう！

(韓国人用)

umi

shima

tsuri

biichi

parasoru

chea

suna

sunookeringu

kuruujingu

sango shou

banana booto

jetto booto

sakana

koui shitsu

mizugi

googuru

hiyake dome

mushi yoke

kyuumei doui

ukiwa

1 スキューバダイビングをした事がありますか？

스쿠버다이빙을 해 본적 있으세요?

スクボダイビンウル ヘボンチョク イッスセヨ

sukyuuba daibinguwo shitakotoga arimasuka?

2 パラソルはどこで借りますか？

파라솔은 어디서 빌립니까?

パラソルン オディソ ピルリムニカ

parasoruwa dokode karimasuka?

3 更衣室はどこですか？

탈의실은 어디입니까?

タリシルン オディイムニカ

kouishitsuwa doko desuka?

4 日焼け止めを持っていますか？

자외선 차단제 있으세요?

チャウェソン チャダンヂェ イッスセヨ

hiyakedomewo motte imasuka?

マッサージ

(日本語)	(カタカナ)	(ハングル文字)
全身マッサージ	チョンシン マッサヂ	전신 맛사지
足裏マッサージ	パルパダク マッサヂ	발바닥 맛사지
出張マッサージ	チュルチャン マッサヂ	출장 맛사지
指圧	チアプ	지압
コース	コス	코스
所要時間	ソヨ シガン	소요 시간
料金	ヨグム	요금
着替える	カライプタ	갈아 입다
仰むけ	パロ ヌプタ	바로 눕다
うつ伏せ	オプトゥリダ	엎드리다
痛い	アプダ	아프다
痛くない	アナプダ	안 아프다
寒い	チュプタ	춥다
気持ちいい	キブニ チョタ	기분이 좋다
肩こり	オッケ キョルリム	어깨 결림
腰痛	ヨトン	요통
強く	セゲ	세게
弱く	ヤカゲ	약하게
ちょうどいい	タク チョタ	딱 좋다
上手	ヌンスカダ	능숙하다

遊ぶ・癒す

● 遊ぶ・癒す

(韓国人用)

zenshin massaaji

ashiura massaaji

shucchou massaaji

shiatsu

koosu

shoyou jikan

ryoukin

kigaeru

aomuke

utsubuse

itai

itakunai

samui

kimochi ii

katakori

youtsuu

tsuyoku

yowaku

choudo ii

jouzu

会話してみよう！

1 マッサージは何時間ですか？

맛사지는 몇시간 합니까?

マッサヂヌン ミョッシガン ハムニカ

massaajiwa nanjikan desuka?

2 首と肩のこりがひどい。

목과 어깨가 심하게 결린다.

モックァ オッケガ シマゲ キョルリンダ

kubito katano koriga hidoi

3 首と肩を重点的に押して下さい。

목과 어깨를 중심으로 눌러 주세요.

モックァ オッケルル チュンシムロ ヌルロヂュセヨ

kubito katawo juutentekini oshite kudasai

4 もっと強く押して下さい。

더 세게 눌러 주세요.

ト セゲ ヌルロ ヂュセヨ

motto tsuyoku oshite kudasai

エステ&サウナ

(日本語)	(カタカナ)	(ハングル文字)
エステ	エステ	에스테
サウナ	サウナ	사우나
スチームサウナ	スティム サウナ	스팀 사우나
汗蒸幕	ハンヂュンマｸ	한증막
ヨモギ蒸し	スｸチム	쑥찜
あかすり	テミルギ	때밀기
塩もみマッサージ	ソグム マッサヂ	소금 맛사지
フェイシャルトリートメント	ペイショル トゥリトゥモントゥ	페이셜 트리트먼트
フットトリートメント	パルグァンリ	발관리
脱毛	タルモ	탈모
マニュキュア	メニキュオ	매니큐어
ペディキュア	ペティキュオ	패티큐어
メイクアップ	メイクオｐ	메이크업
ハチミツ	クル	꿀
泥	チヌｸ	진흙
海藻	ヘヂョ	해조
ハーブ	ホｂ	허브
ローション	ロション	로션
チケット	ティケｯ	티켓
コース	コス	코스

遊ぶ・癒す

● 遊ぶ・癒す

会話してみよう！

(韓国人用)

esute

sauna

suchiimu sauna

kanjoumaku

yomogi mushi

akasuri

shio momi massaaji

feisharu toriitomento

futto toriitomento

datsumou

manyukyua

pedikyua

meiku appu

hachimitsu

doro

kaisou

haabu

rooshon

chiketto

koosu

1 おすすめのエステはどこですか？

추천 할만한 에스테는 어디입니까?

チュチョン ハルマナン エステヌン オディイムニカ

osusume no esutewa doko desuka?

2 コースは何がありますか？

코스에는 어떤 것이 있습니까?

コスエヌン オットンゴシ イッスムニカ

koosuwa naniga arimasuga?

3 日本人に人気のコースはどれですか？

일본 사람에게 인기 있는 코스는 어느 것입니까?

イルボン サラメゲ インキ インヌン コスヌン オヌゴシムニカ

nihonjinni ninkino koosuwa dore desuka?

4 チケットで買うとお得です。

티켓으로 사는게 득입니다.

ティケスロ サヌンゲ トゥギムニダ

chikettode kauto otoku desu

スポーツ

(日本語)	(カタカナ)	(ハングル文字)
サッカー	チュック	축구
野球	ヤグ	야구
バレーボール	ペグ	배구
相撲（韓国式）	シルム	씨름
テコンドー	テクォンド	태권도
バスケットボール	ノング	농구
ボクシング	クォントゥ	권투
テニス	テニス	테니스
マラソン	マラトン	마라톤
水泳	スヨン	수영
柔道	ユド	유도
空手	コンスド	공수도
剣道	コムド	검도
競馬	キョンマ	경마
ラグビー	ログピ	럭비
卓球	タック	탁구
アイスホッケー	アイスハキ	아이스하키
スキー	スキ	스키
オリンピック	オルリムピク	올림픽
ワールドカップ	ウォルドゥコプ	월드컵

遊ぶ・癒す

● 遊ぶ・癒す

会話してみよう！

(韓国人用)

sakkaa

yakyuu

baree booru

sumou

tekondoo

basuketto booru

bokushingu

tenisu

marason

suiei

juudou

karate

kendou

keiba

ragubii

takkyuu

aisu hokkee

sukii

orinpikku

waarudo kappu

1 日本でもテコンドーは有名です。

일본에서도 태권도는 유명합니다.
<u>イルボネソド テクォンドヌン ユミョンハムニダ</u>

nihondemo tekondoowa yuumei desu

2 日本の国技は相撲です。

일본의 국기는 스모입니다.
<u>イルボネ クッキヌン スモイムニダ</u>

nihon no kokugiwa sumou desu

3 私は水泳ができます。

저는 수영 할 수 있어요.
<u>チョヌン スヨン ハルス イッソヨ</u>

watashiwa suieiga dekimasu

4 スキーをした事がありますか？

스키 타 본 적 있으세요?
<u>スキ タボンチョク イッスセヨ</u>

sukiiwo shitakotoga arimasuka?

ゴルフに行く

(日本語)	(カタカナ)	(ハングル文字)
ゴルフ	ゴルプ	골프
ゴルフボール	ゴルプ ゴン	골프 공
ドライバー	ドゥライボ	드라이버
アイアン	アイオン	아이언
パター	ポト	퍼터
キャディー	ケディ	캐디
1番ホール	イルボン ホル	일번 홀
グリーン	グリン	그린
フェアウェイ	ペオ ウェイ	페어 웨이
ラフ	ロプ	러프
ナイスショット	ナイス シャッ	나이스 샷
ホールインワン	ホリン ウォン	홀인원
イーグル	イグル	이글
パー	パ	파
ボギー	ボギ	보기
バーディー	ボディ	버디
スコア	スコオ	스쿠어
ゴルフシューズ	ゴルプ シュズ	골프 슈즈
ゴルフウェア	ゴルプ ウェオ	골프 웨어
グローブ	グルロブ	글로브

遊ぶ・癒す

● 遊ぶ・癒す

(韓国人用)

gorufu
gorufu booru
doraibaa
aian
pataa
kyadii
ichiban hooru
guriin
feawei
rafu
naisu shotto
hooru in wan
iiguru
paa
bogii
baadii
sukoa
gorufu shuuzu
gorufu wea
guroobu

会話してみよう！

1 ゴルフはした事がありますか？

골프 쳐 본 적 있으세요?
<u>ゴルプ チョボンチョクイッスセヨ</u>

gorufuwo shitakotoga arimasuka

2 5番アイアンを使います。

오번 아이언을 사용합니다.
<u>オボン アイオヌル サヨンハムニダ</u>

go ban aianwo tsukaimasu

3 もう1周まわりますか？

한 바퀴 더 도실래요?
<u>ハンバキィ トート トシルレヨ</u>

mou isshuu mawarimasuka?

4 私はホールインワンの経験があります。

저는 홀인원 해 본 경험이 있어요.
<u>チョヌン ホリンウォン ヘボン キョンホミ イッソヨ</u>

watashiwa hooru in wanno keikenga arimasu

お酒

(日本語)	(カタカナ)	(ハングル文字)
ビール	メクチュ	맥주
ハイトビール	ハイトゥ メクチュ	하이트 맥주
OBビール	オビ メクチュ	오비 맥주
カップリビール	カプリ メクチュ	카프리 맥주
カスビール	カス メクチュ	카스 맥주
焼酎	ソヂュ	소주
眞露	チンロ	진로
グリーン焼酎	グリン ソヂュ	그린 소주
ストレート	ストゥレイトゥ	스트레이트
水割り	ヒィソクチュ / ミズワリ	희석주 / 미즈와리
ソーダ割り	ソダヒィソクチュ / ソダワリ	소다 희석주 / 소다와리
清酒	チョンヂュ	청주
にごり酒	マクコルリ	막걸리
どんどん酒	トンドンヂュ	동동주
法酒	ポプチュ	법주
ウィスキー	ウィスキ	위스키
ワイン	ワイン	와인
酔っ払う	チィハダ	취하다
二日酔い	スクチィ	숙취
気持ち悪い	ソギアンヂョタ	속이 안 좋다

遊ぶ・癒す

● 遊ぶ・癒す

会話してみよう！

(韓国人用)

biiru	
haito biiru	
oobii biiru	
kappuri biiru	
kasu biiru	
shouchuu	
jinro	
guriin shouchuu	
sutoreeto	
mizu wari	
sooda wari	
seishu	
nigorizake	
dondonshu	
houshu	
wisukii	
wain	
yopparau	
futsuka yoi	
kimochi warui	

1 ビールは好きですか？

맥주는 좋아하세요?

メクチュヌン チョアハセヨ

biiruwa sukidesuka?

2 ハイトビール3本ください。

하이트 맥주 세병 주세요.

ハイトゥ メクチュ セビョン デュセヨ

haito biiru sanbon kudasai

3 今日は二日酔いで辛いです。

오늘은 숙취 때문에 괴로워요.

オヌルン スクチィ テムネ ケロウォヨ

kyouwa futsukayoide tsurai desu

4 日本酒は飲めますか？

일본 술은 드세요?

イルボン スルン トゥセヨ

nihonshuwa nomemasuka?

ナイトライフ①

(日本語)	(カタカナ)	(ハングル文字)
おねえちゃん（お店の）	アガシ	아가씨
おばちゃん（お店の）	アジュムマ	아줌마
バー	パ	바
カラオケ	カラオケ	가라오케
キーセン	キセン	기생
カジノ	カヂノ	카지노
ディスコ	ディスコ	디스코
踊る	チュムチュダ	춤추다
歌う	ノレハダ	노래하다
スケベ	セクコル	색골
シャイ	ブックロムヂャンイ	부끄럼장이
カッコイイ	モッチダ	멋지다
おしゃべり	スダ	수다
お金持ち	プヂャ	부자
好み	チィヒャン	취향
オゴリ	ハントゥ ネム	한턱 냄
ワリカン	ドチ ペイ	더치 페이
ボッタクリ	バガヂ	바가지
若い	チョムタ	젊다
抱きしめる	クァクキョアンタ	꽉 껴안다

遊ぶ・癒す

● 遊ぶ・癒す

会話してみよう！

(韓国人用)

oneechan

obachan

baa

karaoke

kiisen

kajino

disuko

odoru

utau

sukebe

shai

kakko ii

oshaberi

okane mochi

konomi

ogori

warikan

bottakuri

wakai

dakishimeru

1 どこか遊べる所はありませんか？

어디 놀러 갈만한 데 없어요?
オディ ノルロ カルマナン デ オプソヨ
dokoka asoberu tokorowa arimasenka?

2 ディスコに踊りに行きたいです。

춤추러 나이트 클럽에 가고 싶어요.
チュムチュロ ナイトゥ クルロベ カゴ シポヨ
disukoni odorini ikitai desu

3 今日は私のオゴリです。

오늘은 제가 한턱 내겠어요.
オヌルン チェガ ハントゥ ネゲッソヨ
kyouwa watashino ogori desu

4 キスしてもいいですか？

키스 해도 괜찮아요?
キス ヘド ケンチャナヨ
kisu shitemo iidesuka?

ナイトライフ②

(日本語)	(カタカナ)	(ハングル文字)
置屋	ポチュッチプ	포줏집
指名する	チミョンハダ	지명하다
キス	キス	키스
セクシー	セクシ	섹시
胸が大きい	カスミ クダ	가슴이 크다
ぽっちゃり	トントンハダ	통통하다
気持ちいい	キブニ チョタ	기분이 좋다
ちょうどいい	タヶ チョタ	딱 좋다
コンドーム	コンドム	콘돔
本番	サビプ	삽입
外出し	チルウェ サヂョン	질외 사정
中出し	チルレ サヂョン	질내 사정
なめる	パルダ	빨다
Hが上手な	セクスルル チャラヌン	섹스를 잘하는
フェラチオ	ペラチオ	페라치오
立ちんぼ	メチュンプ	매춘부
クンニ	コニルリングス	커닐링구스
SM	エスエム	에스엠
興奮する	フンブナダ	흥분하다
天国	チョングヶ	천국

遊ぶ・癒す

● 遊ぶ・癒す

(韓国人用)

会話してみよう！

okiya

shimei suru

kisu

sekushii

munega ookii

pocchari

kimochi ii

choudoii

kondoomu

honban

sotodashi

nakadashi

nameru

ecchiga jouzuna

ferachio

tachinbo

kunni

esuemu

koufun suru

tengoku

1 あの子を指名します。

저 아가씨로 하겠어요.

チョ アガシロ ハゲッソヨ

anokowo shimei shimasu

2 コンドームをつけます。

콘돔을 낍니다.

コンドムル キムニダ

kondoomuwo tsukemasu

3 気持ちいいですか？

기분 좋아요?

キブン チョアヨ

kimochi iidesuka?

4 なめてもいいですか？

빨아도 괜찮아요?

パラド ケンチャナヨ

nametemo iidesuka?

133

生活用品

(日本語)	(カタカナ)	(ハングル文字)
歯ブラシ	チソル	치솔
歯磨き粉	チヤク	치약
タオル	タオル	타올
せっけん	ピヌ	비누
シャンプー	シャムプ	샴푸
リンス	リンス	린스
タバコ	タムベ	담배
灰皿	チェットリ	재떨이
ライター	ライト	라이터
マッチ	ソンニャン	성냥
化粧品	ファヂャンプム	화장품
つめきり	ソントプッカッキ	손톱깎기
腕時計	ソンモクシゲ	손목시계
メガネ	アンギョン	안경
コンタクトレンズ	コンテクトゥ レンズ	콘택트 렌즈
トイレットペーパー	ファヂャンヂ	화장지
ティッシュ	ティシュ	티슈
くし	ピッ	빗
カミソリ	ミョンドギ	면도기
電気シェーバー	チョンギ ミョンドギ	전기 면도기

暮らす

● 暮らす

(韓国人用)

haburashi

hamigaki ko

taoru

sekken

shanpuu

rinsu

tabako

haizara

raitaa

macchi

keshou hin

tsumekiri

ude dokei

megane

kontakuto renzu

toiretto peepaa

thisshu

kushi

kamisori

denki sheebaa

会話してみよう！

1 タバコは吸いますか？

담배 피우세요?

<u>タムベ ピウセヨ</u>

tabakowa suimasuka?

2 灰皿をください。

재떨이 주세요.

<u>チェットリ チュセヨ</u>

haizarawo kudasai

3 ティッシュはありますか？

티슈 있어요?

<u>ティシュ イッソヨ</u>

thisshuwa arimasuka?

4 コンタクトレンズはどこで買えますか？

콘택트 렌즈는 어디서 살수 있어요?

<u>コンテクトゥ レンズヌン オディソ サルス イッソヨ</u>

kontakuto renzuwa dokode kaemasuka?

電化製品

(日本語)	(カタカナ)	(ハングル文字)
テレビ	テルレビヂョン	텔레비젼
ラジオ	ラディオ	라디오
ビデオ	ビディオ	비디오
ステレオ	ステレオ	스테레오
ラジカセ	カセットゥ	카셋트
電子レンジ	チョンヂャ レンチ	전자 렌지
扇風機	ソンプンギ	선풍기
エアコン	エアコン	에어컨
ドライヤー	ドゥライギ	드라이기
ウォークマン	ウォクメン	워크맨
CD	シディ	시디
レコード	レコドゥ	레코드
カセットテープ	カセットゥ テイプ	카셋트 테입
照明	チョミョン	조명
電気スタンド	チョンギ ステンドゥ	전기 스탠드
変圧器	ピョナプキ	변압기
時計	シゲ	시계
計算機	ケサンギ	계산기
コード	コドゥ	코드
リモコン	リモコン	리모콘

暮らす

● 暮らす

会話してみよう！

(韓国人用)

terebi

rajio

bideo

sutereo

rajikase

denshi renji

senpuuki

eakon

doraiyaa

wookuman

shiidii

rekoodo

kasetto teepu

shoumei

denki sutando

hen atsuki

tokei

keisanki

koodo

rimokon

① 韓国のテレビ番組を見たいです。

한국 티브이 프로를 보고 싶어요.
ハングㇰ ティブイ プロルル ポゴシポヨ

kankokuno terebi bangumiwo mitaidesu

② 韓国のCDを買いたいです。

한국 시디를 사고 싶어요.
ハングㇰ シディルル サゴシポヨ

kankokuno shiidiiwo kaitaidesu

③ 韓国製の時計はどこで買えますか？

한국산 시계는 어디서 살 수 있어요?
ハングㇰサン シゲヌン オディソ サルスイッソヨ

kankokuseino tokeiwa dokode kaemasuka?

④ 変圧器はどこで売っていますか？

변압기는 어디서 팝니까?
ピョナプキヌン オディソ パムニカ

henatsukiwa dokode utteimasuka?

身じたくをする

(日本語)	(カタカナ)	(ハングル文字)
シャワーを浴びる	シャウォルル ハダ	샤워를 하다
ゆぶねにつかる	ヨクチョエ トゥロカダ	욕조에 들어가다
顔を洗う	オルグルル シッタ	얼굴을 씻다
手を洗う	ソヌル シッタ	손을 씻다
歯をみがく	イルル タクタ	이를 닦다
うがいをする	イバヌル ヘングダ	입안을 헹구다
つめを切る	ソントブル カクタ	손톱을 깍다
髪をとかす	モリルル ピッタ	머리를 빗다
化粧をする	ファヂャンウル ハダ	화장을 하다
ひげをそる	ミョンドルル ハダ	면도를 하다
アイロンをかける	タリムヂルル ハダ	다림질을 하다
靴をみがく	クドゥルル タクタ	구두를 닦다
靴を履く	クドゥルル シンタ	구두를 신다
着替える	カライブタ	갈아 입다
スーツを着る	ヤンボグル イブタ	양복을 입다
Tシャツを着る	ティショツルル イブタ	티셔츠를 입다
帽子をかぶる	モヂャルル スダ	모자를 쓰다
ピアスをつける	キィゴリルル ハダ	귀걸이를 하다
指輪をつける	パンヂルル キダ	반지를 끼다
ドレスアップする	チャリョイブタ	차려 입다

暮らす

● 暮らす

会話してみよう！

(韓国人用)

shawaawo abiru

yubuneni tsukaru

kaowo arau

tewo arau

hawo migaku

ugaiwo suru

tsumewo kiru

kamiwo tokasu

keshouwo suru

higewo soru

aironwo kakeru

kutsuwo migaku

kutsuwo haku

kigaeru

suutsuwo kiru

thiishatsuwo kiru

boushiwo kaburu

piasuwo tsukeru

yubiwawo tsukeru

doresuappu suru

1 1日にシャワーは何回浴びますか？

하루에 샤워는 몇 번 하세요?
ハルエ シャウォヌン ミョッポン ハセヨ
ichinichini shawaawa nankai abimasuka?

2 うがいを忘れてはいけません。

입 안 헹구는 걸 잊어서는 안 돼요.
イバン ヘングヌンゴル イチョソヌン アンデヨ
ugaiwo wasuretewa ikemasen

3 着替えをするので、少し待って下さい。

옷을 갈아 입을테니, 잠시만 기다려 주세요.
オスル カライブルテニ チャムシマン キダリョヂュセヨ
kigaewo surunode sukoshi matte kudasai

4 ドレスアップしてパーティーに行きます。

차려 입고 파티에 갑니다.
チャリョ イプコ パティエ カムニダ
doresu appushite paathiini ikimasu

身のまわりの小物

(日本語)	(カタカナ)	(ハングル文字)
財布	チガプ	지갑
指輪	パンヂ	반지
イヤリング	キィゴリ	귀걸이
ネックレス	モクコリ	목걸이
ハンカチ	ソンスゴン	손수건
ベルト	ベルトゥ	벨트
帽子	モヂャ	모자
スカーフ	スコプ	스커프
鍵	ヨルセ	열쇠
傘	ウサン	우산
ハンドバッグ	ヘンドゥベク	핸드백
下着	ソゴッ	속옷
トランクス	サガクペンティ	사각 팬티
ブリーフ	サムガクペンティ	삼각 팬티
パンティー	ペンティ	팬티
ブラジャー	ブレヂオ	브래지어
靴下	ヤンマル	양말
ストッキング	スタキン	스타킹
靴	クドゥ	구두
スリッパ	スルリポ	슬리퍼

暮らす

● 暮らす

会話してみよう！

(韓国人用)

saifu

yubiwa

iyaringu

nekkuresu

hankachi

beruto

boushi

sukaafu

kagi

kasa

hando baggu

shitagi

torankusu

buriifu

panthii

burajaa

kutsushita

sutokkingu

kutsu

surippa

1 財布を落としました。

지갑을 잃어 버렸어요.
チガブル イロ ボリョッソヨ

saifuwo otoshimashita

2 シルクのスカーフを買いたいです。

실크 스커프를 사고 싶어요.
シルク スコプルル サゴシポヨ

shirukuno sukaafuwo kaitaidesu

3 傘はどこで売っていますか？

우산은 어디서 팝니까?
ウサヌン オディソ パムニカ

kasawa dokode utteimasuka

4 下着用品はどこで買えますか？

속옷 종류는 어디서 살 수 있어요?
ソゴッ チョンリュヌン オディソ サルスイッソヨ

shitagi youhinwa dokode kaemasuka?

住まいのインテリア

(日本語)	(カタカナ)	(ハングル文字)
テーブル	テイブル	테이블
いす	ウィヂャ	의자
ソファー	ソパ	소파
クッション	クション	쿠션
ゴザ	トッチャリ	돗자리
カーテン	コテン	커텐
じゅうたん	ユンダン	융단
布団	イブル	이불
毛布	タムヨ	담요
シーツ	シトゥ	시트
枕	ペゲ	베개
家具	カグ	가구
たんす	チャンノン	장농
ハンガー	オッコリ	옷걸이
本棚	チェクチャン	책장
机	チェクサン	책상
仏壇	プルダン	불단
鏡台	キョンデ	경대
ゴミ箱	ヒュヂトン	휴지통
花瓶	ファビョン	화병

暮らす

● 暮らす

会話してみよう！

(韓国人用)

teeburu

isu

sofaa

kusshon

goza

kaaten

juutan

futon

moufu

shiitsu

makura

kagu

tansu

hangaa

hondana

tsukue

butsudan

kyoudai

gomibako

kabin

1 インテリアのお店はどこですか？

인테리어 가게는 어디입니까?
インテリオ カゲヌン オディイムニカ

interiano omisewa dokodesuka?

2 おしゃれなインテリアが欲しいです。

세련된 인테리어 용품을 원해요.
セリョンテン インテリオ ヨンプムル ウォネヨ

osharena interiaga hoshii desu

3 家具売り場はどこですか？

가구 매장은 어디입니까?
カグ メヂャンウン オディイムニカ

kaguuribawa doko desuka?

4 ゴミ箱はどこですか？

휴지통은 어디에 있어요?
ヒュヂトンウン オディエ イッソヨ

gomibakowa doko desuka?

台所

(日本語)	(カタカナ)	(ハングル文字)
包丁	シッカル	식칼
まないた	トマ	도마
流し台	ケスデ	개수대
ガスレンジ	ガスレンヂ	가스렌지
換気扇	ファンプンギ	환풍기
冷蔵庫	ネンヂャンゴ	냉장고
炊飯器	チョンギ パブトン	전기 밥통
鍋	ネムビ	냄비
フライパン	プライペン	프라이팬
ミキサー	ミクソギ	믹서기
やかん	チュヂョンヂャ	주전자
ポット	ポトゥ	포트
きゅうす	チャ チュヂョンヂャ	차 주전자
食器	シッキ	식기
カップ	チャン	잔
コップ	コプ	컵
おぼん	チェンパン	쟁반
うす	チョルグ	절구
栓抜き	ピョンタゲ	병따개
びん	ピョン	병

暮らす

● 暮らす

会話してみよう！

(韓国人用)

houchou

manaita

nagashi dai

gasu renji

kankisen

reizouko

suihanki

nabe

furaipan

mikisaa

yakan

potto

kyuusu

shokki

kappu

koppu

obon

usu

sen nuki

bin

1 韓国の食器を買いたいです。

한식기를 사고 싶어요.
<u>ハンシッキルル サゴシポヨ</u>

kankokuno shokkiwo kaitai desu

2 料理はできますか？

요리는 할 줄 아세요?
<u>ヨリヌン ハルチュル アセヨ</u>

ryouriwa dekimasuka?

3 プルコギ用の鍋を買いたいです。

불고기용 팬을 사고 싶어요.
<u>プルゴギヨン ペヌル サゴシポヨ</u>

purukogiyouno nabewo kaitai desu

4 栓抜きを取って頂けますか？

병따개 좀 짚어 주실래요?
<u>ピョンタゲ チョム チポ ヂュシルレヨ</u>

sen nukiwo totte itadake masuka?

掃除・洗濯

(日本語)	(カタカナ)	(ハングル文字)
掃く	スルダ	쓸다
はたく	トルダ	털다
ほうき	ピッチャル	빗자루
ちりとり	スレパッキ	쓰레받기
雑巾	コルレ	걸레
バケツ	ヤンドンイ	양동이
モップ	チャルゴルレ	자루 걸레
たわし	スセミ	수세미
スポンジ	スポンヂ スセミ	스폰지 수세미
掃除機	チョンソギ	청소기
洗濯機	セタッキ	세탁기
乾燥機	コンヂョギ	건조기
洗剤	セヂェ	세제
柔軟材	ソミュ リンス	섬유 린스
たらい	テヤ	대야
ホース	ホス	호스
洗う	シッタ	씻다
干す	マルリダ	말리다
拭く	タッタ	닦다
磨く	クァンネダ	광내다

暮らす

● 暮らす

(韓国人用)

会話してみよう！

haku

hataku

houki

chiritori

zoukin

baketsu

moppu

tawashi

suponji

soujiki

sentakuki

kansouki

senzai

juunanzai

tarai

hoosu

arau

hosu

fuku

migaku

1 私はキレイ好きです。

저는 약간 결벽증이 있어요.

チョヌン ヤッカン キョルビョクチュンイ イッソヨ

watashiwa kirei zukidesu

2 クリーニング屋はどこですか？

세탁소는 어디입니까?

セタクソヌン オディイムニカ

kuriininguya wa dokodesuka?

3 食器用の洗剤をください。

식기용 세제를 주세요.

シッキヨン セヂェルル チュセヨ

shokkiyouno senzaiwo kudasai

4 アイロンがけをして下さい。

다림질을 해 주세요.

タリムヂルル ヘ ヂュセヨ

airongakewo shite kudasai

147

電話をかける

(日本語)	(カタカナ)	(ハングル文字)
電話	チョナ	전화
電話番号	チョナ ボノ	전화 번호
ファクシミリ	ペクス	팩스
電話局	チョナグク	전화국
公衆電話	コンヂュンヂョナ	공중 전화
携帯電話	ヒュデポン	휴대폰
内線	ネソン	내선
外線	ウェソン	외선
長距離電話	チャンゴリ チョナ	장거리 전화
国際電話	ククチェ チョナ	국제 전화
交換手	キョファンス	교환수
電話をかける	チョナルル コルダ	전화를 걸다
電話に出る	チョナルル パッタ	전화를 받다
電話を切る	チョナルル クンタ	전화를 끊다
話し中	トンファヂュン	통화중
かけ間違える	チャルモッ コルダ	잘못 걸다
かけ直す	タシ コルダ	다시 걸다
混線	ホンソン	혼선
つながらない	プルトン	불통
呼び出す	ホチュル ハダ	호출 하다

暮らす

● 暮らす

(韓国人用)

会話してみよう！

denwa

denwa bangou

fakushimiri

denwa kyoku

koushuu denwa

keitai denwa

naisen

gaisen

choukyori denwa

kokusai denwa

koukanshu

denwawo kakeru

denwani deru

denwawo kiru

hanashi chuu

kake machigaeru

kakenaosu

konsen

tsunagaranai

yobidasu

1 電話番号を教えて頂けますか？

전화 번호를 가르쳐 주실래요?
<u>チョナボノルル カルチョ ヂュシルレヨ</u>

denwa bangouwo oshiete itadakemasuka?

2 電話番号は何番ですか？

전화 번호는 몇 번입니까?
<u>チョナボノヌン ミョッポニムニカ</u>

denwa bangouwa nanban desuka?

3 もしもし、コイズミさん、いますか？

여보세요. 고이즈미씨 계세요?
<u>ヨボセヨ、コイヅミシ ケセヨ</u>

moshimoshi koizumisan imasuka?

4 私はタナカと申します。

저는 다나카라고 합니다.
<u>チョヌン タナカラゴ ハムニダ</u>

watashiwa tanakato moushimasu

郵便

(日本語)	(カタカナ)	(ハングル文字)
郵便局	ウチェグク	우체국
ポスト	ウチェトン	우체통
はがき	ヨプソ	엽서
手紙	ピョンヂ	편지
便せん	ピョンヂヂ	편지지
封筒	ポントゥ	봉투
年賀状	ヨナヂャン	연하장
切手	ウピョ	우표
速達	ソクタル	속달
書留	トゥンギウピョン	등기 우편
航空便	ハンゴンピョン	항공편
船便	ソンピョン	선편
小包	ソポ	소포
郵便為替	ウピョナン	우편환
郵便番号	ウピョンボノ	우편번호
差出人	パルシニン	발신인
受取人	スチィイン	수취인
手紙を書く	ピョンヂルル スダ	편지를 쓰다
手紙を出す	ピョンヂルル プチダ	편지를 부치다
手紙を受け取る	ピョンヂルル パッタ	편지를 받다

● 暮らす

会話してみよう！

(韓国人用)

yuubin kyoku

posuto

hagaki

tegami

binsen

fuutou

nengajou

kitte

sokutatsu

kakitome

koukuubin

funabin

kozutsumi

yuubin kawase

yuubin bangou

sashidashi nin

uketori nin

tegamiwo kaku

tegamiwo dasu

tegamiwo uketoru

1 郵便局はどこにありますか？

우체국은 어디에 있어요?
ウチェググン オディエ イッソヨ

yuubinkyokuwa dokoni arimasuka?

2 日本に手紙を出したいです。

일본에 편지를 부치고 싶어요.
イルボネ ピョンヂルル プチゴ シポヨ

nihonni tegamiwo dashitai desu

3 航空便はいくらですか？

항공편은 얼마입니까?
ハンゴンピョヌン オルマイムニカ

koukuubinwa ikura desuka?

4 日本にはどのくらいで届きますか？

일본에 도착하는데 얼마나 걸립니까?
イルボネ トチャカヌンデ オルマナ コルリムニカ

nihonniwa donokuraide todoki masuka?

銀行

(日本語)	(カタカナ)	(ハングル文字)
銀行	ウネン	은행
両替する	ファンヂョナダ	환전하다
お金	トン	돈
現金	ヒョングム	현금
小切手	スピョ	수표
トラベラーズチェック	ヨヘンヂャスピョ	여행자 수표
紙幣	チペ	지폐
硬貨	トンヂョン	동전
ウォン	ウォン	원
ドル	タルロ	달러
円	エン	엔
交換レート	キョファン ファンニュル	교환 환률
振込み	プリプ	불입
送金する	ソングム ハダ	송금 하다
預金	イェグム	예금
引き出し	チュルグム	출금
通帳	トンヂャン	통장
利子	イヂャ	이자
署名する	ソミョンハダ	서명하다
キャッシュカード	ケシィカドゥ	캐쉬 카드

暮らす

● 暮らす

会話してみよう！

(韓国人用)

ginkou

ryougae suru

okane

genkin

kogitte

toraberaazu chekku

shihei

kouka

won

doru

en

koukan reeto

furikomi

soukin suru

yokin

hiki dashi

tsuuchou

rishi

shomei suru

kyasshu kaado

1 口座を開きたいのですが。

구좌를 만들고 싶은데요…
クヂャルル マンドゥルゴ シプンデヨ

kouzawo hirakitaino desuga

2 両替したいのですが。

환전 하고 싶은데요…
ファンヂョン ハゴ シプンデヨ

ryougae shitaino desuga

3 預金をしたいのですが。

예금 하고 싶은데요…
イェグム ハゴ シプンデヨ

yokinwo shitaino desuga

4 10万ウォンをくずして頂きたいのですが。

십만원을 바꾸고 싶은데요…
シムマノヌル パックゴ シプンデヨ

juuman wonwo kuzushite itadakitaino desuga

車を運転する

(日本語)	(カタカナ)	(ハングル文字)
自動車	チャドンチャ	자동차
免許証	ミョノチュン	면허증
運転する	ウンヂョナダ	운전하다
前進する	チョンヂナダ	전진하다
バックする	フヂナダ	후진하다
止まる	モムチュダ	멈추다
曲がる	トルダ	돌다
Uターンする	ユトナダ	유턴하다
一方通行	イルバントンヘン	일방통행
渋滞	チョンチェ	정체
交通違反	キョトンウィバン	교통위반
駐車場	チュチャヂャン	주차장
ガソリンスタンド	チュユソ	주유소
故障する	コヂャンナダ	고장나다
エンジン	エンヂン	엔진
ギア	ギオ	기어
ブレーキ	ブレイク	브레이크
ハンドル	ヘンドゥル	핸들
クラクション	クルラクション	클락션
タイヤ	タイオ	타이어

暮らす

● 暮らす

会話してみよう！

(韓国人用)

jidousha

menkyoshou

unten suru

zenshin suru

bakku suru

tomaru

magaru

yuutaan suru

ippou tsuukou

juutai

koutsuu ihan

chuusha jou

gasorin sutando

koshou suru

enjin

gia

bureeki

handoru

kurakushon

taiya

1 国際免許証を持っています。

국제 면허증을 가지고 있어요.

ククチェ ミョノチュンウル カヂゴ イッソヨ

kokusai menkyowo motte imasu

2 渋滞で少し遅刻します。

차가 밀려서 조금 늦겠어요.

チャガ ミルリョソ チョグム ヌッケソヨ

juutaide sukoshi chikoku shimasu

3 駐車場はありますか？

주차장은 있어요?

チュチャヂャンウン イッソヨ

chuushajouwa arimasuka?

4 ガソリンスタンドはどこですか？

주유소는 어디입니까?

チュユソヌン オディイムニカ

gasorin sutandowa doko desuka

パソコン

(日本語)	(カタカナ)	(ハングル文字)
パソコン	コムピュト	컴퓨터
ノートブック	ノトゥブク	노트북
キーボード	キボドゥ	키보드
マウス	マウス	마우스
プリンター	プリントゥギ	프린트기
スキャナー	スケノ	스캐너
デジカメ	ディヂトル カメラ	디지털 카메라
モデム	モデム	모뎀
フロッピー	プルロピ	플로피
CD-ROM	シディロム	시디롬
DVD	ディブイディ	디브이디
VCD	ブイシディ	브이시디
ウィンドウズ	ウィンドウ	윈도우
マッキントッシュ	メッキントシ	맥킨토시
中古パソコン	チュンゴ コムピュト	중고 컴퓨터
日本語ソフト	イルボノ ソプトゥ	일본어 소프트
ハードディスク	ハドゥ ディスク	하드 디스크
CPU	シピユ	시피유
メモリ	メモリ	메모리
モニター	モニト	모니터

暮らす

● 暮らす

(韓国人用)

pasokon

nooto bukku

kiiboodo

mausu

purintaa

sukyanaa

dejikame

modemu

furoppii

shii dii romu

dii bui dii

bui shii dii

windouzu

makkintosshu

chuuko pasokon

nihongo sofuto

haado disuku

shii pii yuu

memori

monitaa

会話してみよう！

1 日本語ソフトはありますか？

일본어 소프트는 있어요?
イルボノ ソプトゥヌン イッソヨ

nihongo sofutowa arimasuka?

2 韓国語キーボードはありますか？

한국어 키보드는 있어요?
ハングゴ キボドゥヌン イッソヨ

kankokugo kiiboodo wa arimasuka?

3 DVDはどこで売っていますか？

디브이디는 어디서 팝니까?
ディブイディヌン オディソ パムニカ

diibuidiiwa dokode utte imasuka?

4 メモリを増設したいです。

메모리를 확장하고 싶어요.
メモリルル ファクチャンハゴ シポヨ

memoriwo zousetsu shitai desu

髪を切る

(日本語)	(カタカナ)	(ハングル文字)
美容院	ミヨンシル	미용실
髪を切る	モリルル チャルダ	머리를 자르다
髪をすく	モリルル ピッタ	머리를 빗다
ロング	ロン	롱
セミロング	セミロン	세미롱
ショート	ショッ	숏
天然パーマ	コプスルモリ	곱슬머리
カール	コル	컬
セット	セティン	세팅
パーマをかける	パマルル ハダ	퍼머를 하다
ストレートパーマ	ストゥレイトゥ パマ	스트레이트 퍼머
色を入れる	ヨムセグル ハダ	염색을 하다
ブリーチ	ブリッチ	브릿지
眉毛を整える	ヌンソプチョンニルル ハダ	눈썹정리를 하다
もっと切って	ト チャルラ	더 잘라
ワックス	ワクス	왁스
ムース	ムス	무스
ヘアースプレー	ヘオ スプレイ	헤어 스프레이
くし	ピッ	빗
ブラシ	ブロシィ	브러쉬

● 暮らす

会話してみよう！

(韓国人用)

biyouin

kamiwo kiru

kamiwo suku

rongu

semi rongu

shooto

tennen paama

kaaru

setto

paamawo kakeru

sutoreeto paama

irowo ireru

buriichi

mayugewo totonoeru

motto kitte

wakkusu

muusu

heaa supuree

kushi

burashi

① 横と後ろを刈り上げてください。

옆과 뒤를 짧게 잘라 주세요.

ヨプクァ ティルル チャルケ チャルラヂュセヨ

yokoto usirowo kariagete kudasai

② 格好よく切って下さい。

멋지게 잘라 주세요.

モッチゲ チャルラ ヂュセヨ

kakkouyoku kitte kudasai

③ このモデルと一緒の髪型にしたいです。

이 모델이랑 똑같은 헤어 스타일로 하고 싶어요.

イ モデリラン トッカトゥン ヘオ スタイルロ ハゴ シポヨ

kono moderuto isshono kamigatani shitai desu

④ 眉毛も整えて下さい。

눈썹 정리도 해 주세요.

ヌンソプ チョンニ ド ヘ ヂュセヨ

mayugemo totonoete kudasai

職場

(日本語)	(カタカナ)	(ハングル文字)
就職する	チィヂカダ	취직하다
退職する	テサハダ	퇴사하다
月給	ウォルグプ	월급
ボーナス	ボノス	보너스
社長	サヂャンニム	사장님
社員	サウォン	사원
書類	ソリュ	서류
締め切り	マガム	마감
契約する	ケヤカダ	계약하다
提出する	チェチュラダ	제출하다
提案する	チェアナダ	제안하다
会議する	ヘイハダ	회의하다
計画する	ケフェカダ	계획하다
同意する	トンイハダ	동의하다
決定する	キョルチョンハダ	결정하다
許可する	ホガハダ	허가하다
要求する	ヨグハダ	요구하다
求職する	クヂカダ	구직하다
失業する	シルチカダ	실직하다
昇進する	スンヂナダ	승진하다

暮らす

● 暮らす

会話してみよう！

(韓国人用)

shuushoku suru

taishoku suru

gekkyuu

boonasu

shachou

shain

shorui

shimekiri

keiyaku suru

teishutsu suru

teian suru

kaigi suru

keikaku suru

doui suru

kettei suru

kyoka suru

youkyuu suru

kyuushoku suru

shitsugyou suru

shoushin suru

1 韓国で就職したいです。

한국에서 취직하고 싶어요.
ハングゲソ チィヂカゴ シポヨ

kankokude shuushoku shitai desu

2 月給はいくらですか？

월급은 얼마입니까?
ウォルグブン オルマイムニカ

gekkyuuwa ikura desuka?

3 今日は会議があります。

오늘은 회의가 있어요.
オヌルン フェイガ イッソヨ

kyouwa kaigiga arimasu

4 明日、昇進します。

내일, 승진 합니다.
ネイル、スンヂン ハムニダ

asu shoushin shimasu

宅配の注文

(日本語)	(カタカナ)	(ハングル文字)
デリバリー	ペダル	배달
ピザを注文する	ピヂャルル チュムナダ	피자를 주문하다
1枚	ハンパン	한 판
2枚	トゥパン	두 판
ハーフ&ハーフ	ハプエン ハプ	하프엔 하프
セット	セットゥ	셋트
ピザの厚さ	ピヂャ トゥッケ	피자 두께
パン生地	トウ	도우
クリスピー	クロストゥ	크러스트
日本料理	イルシク	일식
定食	チョンシク	정식
1人前	イリンブン	일인분
2人前	イインブン	이인분
味噌汁	テンヂャン クク	된장 국
焼肉	カルビ	갈비
トンカツ	トンカス	돈까스
おでん	オデン	오뎅
のりまき	キムパプ	김밥
すし	センソン チョパプ	생선 초밥
うどん	ウドン	우동

暮らす

● 暮らす

会話してみよう！

(韓国人用)

deribarii

pizawo chuumon suru

ichimai

nimai

haafu ando haafu

setto

pizano atsusa

pankiji

kurisupii

nihon ryouri

teishoku

ichinin mae

ninin mae

miso shiru

yakiniku

tonkatsu

oden

norimaki

sushi

udon

1 デリバリーのチラシはありますか？

배달 전단지는 있어요?
ペダル チョンダンヂヌン イッソヨ

deribarii no chirashi wa arimasuka?

2 ピザを注文したいです。

피자를 주문하고 싶어요.
ピヂャルル チュムナゴ シポヨ

pizawo chuumon shitai desu

3 日本食を注文したいです。

일식을 주문하고 싶어요.
イルシグル チュムナゴ シポヨ

nihonshokuwo chuumon shitai desu

4 何分後に来ますか？

오는데 몇 분이나 걸립니까?
オヌンデ ミョップニナ コルリムニカ

nanpungoni kimasuka?

引越し

(日本語)	(カタカナ)	(ハングル文字)
引越す	イサハダ	이사하다
引越し業者	イサッチム セント	이삿짐 센터
住所変更	チュソピョンギョン	주소변경
集荷	チパ	집하
発送	パルソン	발송
受け取り	スチィ	수취
着払い	チャクプル	착불
元払い	ソンブル	선불
代金引換	テグム サンファン	대금 상환
送料	ソンニョ	송료
ピックアップ	ピグオブ	픽업
トラック	トゥロク	트럭
ダンボール	イサッチム パクス	이삿짐 박스
～箱(数)	サンヂャ	～ 상자
われもの	ケヂギ シウン ムルゴン	깨지기 쉬운 물건
われもの注意	パソン チュイ	파손 주의
弁償	ピョンサン	변상
粗大ゴミ	テヒョン ペギムル	대형 폐기물
荷物のパッキング	イサッチム ポヂャン	이삿짐 포장
洋服をたたむ	オスル ケダ	옷을 개다

暮らす

● 暮らす

会話してみよう！

(韓国人用)

hikkosu

hikkoshi gyousha

juusho henkou

shuuka

hassou

uketori

chaku barai

moto barai

daikin hikikae

souryou

pikku appu

torakku

danbooru

~hako

waremono

waremono chuui

benshou

sodai gomi

nimotsuno pakkingu

youfukuwo tatamu

1 引越しの準備をします。

이사 할 준비를 합니다.
イサ ハル ヂュンビルル ハムニダ

hikkoshino junbiwo shimasu

2 引越し業者を呼んで下さい。

이삿짐 센터를 불러 주세요.
イサッチム セントルル プルロヂュセヨ

hikkoshi gyoushawo yonde kudasai

3 ダンボールはどこで売っていますか？

이삿짐 박스는 어디서 팝니까?
イサッチム パクスヌン オディソ パムニカ

danbooruwa dokode utteimasuka?

4 われものに注意して下さい。

깨지기 쉬운 물건들을 주의 해 주세요.
ケヂギ シウン ムルゴンドゥルル チュイ ヘ ヂュセヨ

waremononi chuui shite kudasai

スーツをオーダーする

(日本語)	(カタカナ)	(ハングル文字)
スーツ	ヤンボク	양복
Yシャツ	ワイショツ	와이셔츠
ネクタイ	ネクタイ	넥타이
ズボン	パヂ	바지
ベルト	ベルトゥ	벨트
ボタン	タンチュ	단추
そで丈	ソメキリ	소매 길이
股下	カランイ キリ	가랑이 길이
肩幅	オッケ ノルビ	어깨 넓이
首まわり	モクトゥルレ	목 둘레
ウェスト	ホリトゥルレ	허리 둘레
バスト	カスム トゥルレ	가슴 둘레
ヒップ	オンドンイ トゥルレ	엉덩이 둘레
生地	チョン/オッカム	천 / 옷감
絹	シルク	실크
綿	ミョン	면
模様	ムニィ	무늬
Sサイズ	エス サイズ	에스 사이즈
Mサイズ	エム サイズ	엠 사이즈
Lサイズ	エル サイズ	엘 사이즈

暮らす

● 暮らす

会話してみよう！

(韓国人用)

suutsu

wai shatsu

nekutai

zubon

beruto

botan

sode take

mata shita

kata haba

kubi mawari

westo

basuto

hippu

kiji

kinu

men

moyou

esu saizu

emu saizu

eru saizu

1 オーダーメードのスーツが欲しいです。

양복을 맞추고 싶어요.
ヤンボグル マッチュゴ シポヨ

oodaameedono suutsuga hoshii desu

2 スーツ一式、いくらですか？

양복 한 벌에 얼마입니까?
ヤンボク ハンボレ オルマイムニカ

suutsu isshiki ikura desuka?

3 もう少し、大き目のスーツがいいです。

조금 더 큰 사이즈의 양복이 좋겠어요.
チョグム トー クン サイヅエ ヤンボギ チョッケソヨ

mousukoshi ookimeno suutsuga iidesu

4 他の生地を見たいです。

다른 천을 보고 싶어요.
タルン チョヌル ポゴ シポヨ

hokano kijiwo mitaidesu

趣味

(日本語)	(カタカナ)	(ハングル文字)
音楽鑑賞	ウマㇰ カムサン	음악 감상
映画鑑賞	ヨンファ カムサン	영화 감상
テレビ鑑賞	テルレビヂョン カムサン	텔레비젼 감상
料理作り	ヨリ ハギ	요리 하기
旅行	ヨヘン	여행
読書	トㇰソ	독서
書道	ソエ	서예
茶道	タド	다도
ショッピング	ショピン	쇼핑
チェス	チェス	체스
サーフィン	ソピン	서핑
コイン収集	トンヂョン モウギ	동전 모으기
釣り	ナㇰシ	낚시
ガーデニング	ウォネ	원예
ペット	エワン トンムル	애완 동물
写真	サヂン	사진
骨董品	コルトンプム	골동품
絵を描く	クリㇺ クリギ	그림 그리기
ドライブ	ドゥライブ	드라이브
スポーツ	スポツ	스포츠

暮らす

● 暮らす

会話してみよう！

(韓国人用)

ongaku kanshou

eiga kanshou

terebi kanshou

ryouri zukuri

ryokou

dokusho

shodou

sadou

shoppingu

chesu

saafin

koin shuushuu

tsuri

gaadeningu

petto

shashin

kottouhin

ewo kaku

doraibu

supootsu

1 私は趣味がたくさんあります。

저는 취미가 많아요.
チョヌン チィミガ マナヨ

watashiwa shumiga takusan arimasu

2 あなたの趣味は何ですか？

당신의 취미는 무엇입니까?
タンシネ チィミヌン ムオシムニカ

anatano shumiwa nan desuka?

3 書道を知っていますか？

서예에 대해서 아세요?
ソエエ テヘソ アセヨ

shodouwo shitte imasuka?

4 ペットは飼っていますか？

애완 동물 기르세요?
エワントンムル キルセヨ

pettowa katte imasuka?

外に出る

(日本語)	(カタカナ)	(ハングル文字)
外に出る	ウェチュラダ	외출하다
買い物	ショピン	쇼핑
散歩	サンチェク	산책
待ち合わせ場所	ヤクソクジャンソ	약속 장소
ジョギング	ヂョギン	조깅
交差点	ネゴリ	네거리
横断歩道	フェンダン ポド	횡단 보도
道路	ドロ	도로
小道	コルモッキル	골목길
歩道	ポド	보도
信号機	シノドゥン	신호등
歩道橋	ユクキョ	육교
橋	タリ	다리
公衆電話	コンヂュン ヂョナ	공중 전화
街灯	カロドゥン	가로등
電柱	チョンボッテ	전봇대
郵便ポスト	ウチェトン	우체통
ゴミ箱	ヒュヂトン	휴지통
歩行者	ポヘンヂャ	보행자
オフィスビル	オピス ビルディン	오피스 빌딩

暮らす

● 暮らす

会話してみよう！

(韓国人用)

sotoni deru

kaimono

sanpo

machiawase basho

jogingu

kousaten

oudan hodou

douro

komichi

hodou

shingouki

hodoukyou

hashi

koushuu denwa

gaitou

denchuu

yuubin posuto

gomibako

hokousha

ofisubiru

1 散歩に行きませんか？

산책하러 안 가실래요?
サンチェクハロ アン ガシルレヨ

sanponi ikimasenka?

2 ジョギングはどこでできますか？

조깅은 어디서 할 수 있어요?
チョギンウン オディソ ハルス イッソヨ

joginguwa dokode dekimasuka?

3 夜の小道に気をつけて下さい。

밤의 골목길은 조심하세요.
パメ コルモクキルン チョシマセヨ

yoruno komichini kiwo tsukete kudasai

4 郵便ポストはどこですか？

우체통은 어디에 있어요?
ウチェトンウン オディエ イッソヨ

yuubin posutowa doko desuka?

ホテルにて

(日本語)	(カタカナ)	(ハングル文字)
暑すぎる	ノム トプタ	너무 덥다
寒すぎる	ノム チュプタ	너무 춥다
くさい	ネムセ ナダ	냄새 나다
困る	コルラナダ	곤란하다
蟻	ケミ	개미
蝿	パリ	파리
蚊	モギ	모기
ゴキブリ	パキィボルレ	바퀴벌레
騒音	ソウム	소음
鍵が開かない	ヨルセガ アン ヨルリダ	열쇠가 안 열리다
鍵が閉まらない	ヨルセガ アン チャムギダ	열쇠가 안 잠기다
鍵をなくした	ヨルセルル プンシレッタ	열쇠를 분실했다
鍵を忘れた	ヨルセルル イヂョボリョッタ	열쇠를 잊어버렸다
動かない	アヌムヂギダ	안 움직이다
水が出ない	ムリアン ナオダ	물이 안 나오다
水が冷たすぎる	ムリ ノム チャダ	물이 너무 차다
水が熱すぎる	ムリ ノム トゥゴプタ	물이 너무 뜨겁다
水が漏る	ムリ セダ	물이 새다
トイレが流れない	ビョンギガ マキダ	변기가 막히다
洗面所がつまる	セミョンデガ マキダ	세면대가 막히다

トラブル

● トラブル

(韓国人用)

会話してみよう！

atsusugiru

samusugiru

kusai

komaru

ari

hae

ka

gokiburi

souon

kagiga akanai

kagiga shimaranai

kagiwo nakushita

kagiwo wasureta

ugokanai

mizuga denai

mizuga tsumetasugiru

mizuga atsusugiru

mizuga moru

toirega nagarenai

senmenjoga tsumaru

1 部屋がくさいので、変えてくれますか？

방에서 냄새가 나니,다른방으로 바꿔 주실래요?

パンエソ ネムセガ ナニ タルンパンウロ パックォ ヂュシルレヨ

heyaga kusainode kaete kuremasuka?

2 ゴキブリが出て困ります。

바퀴벌레가 나와서 곤란해요.

パキィボルレガ ナワソ コンラネヨ

gokiburiga dete komarimasu

3 修理して下さい。

수리 해 주세요.

スリヘヂュセヨ

shuuri shite kudasai

4 天井から水が漏っています。

천정에서 물이 샙니다.

チョンヂョンエソ ムリ セムニダ

tenjoukara mizuga motte imasu

薬

(日本語)	(カタカナ)	(ハングル文字)
薬	ヤク	약
薬局	ヤックク	약국
処方箋	チョバンヂョン	처방전
食前	シクチョン	식전
食後	シク	식후
一錠	ハンアル	한 알
錠剤	アリャク	알 약
粉薬	カルヤク	가루 약
風邪薬	カムギヤク	감기약
鎮痛剤	チントンヂェ	진통제
下剤	ソルサ	설사
下痢止め	チサヂェ	지사제
睡眠薬	スミョンヂェ	수면제
咳止め	キチムヤク	기침약
目薬	アニャク	안약
漢方薬	ハニャク	한약
避妊ピル	ピイムヤク	피임약
コンドーム	コンドム	콘돔
包帯	プンデ	붕대
生理用ナプキン	センニデ	생리대

トラブル

● トラブル

会話してみよう！

(韓国人用)

kusuri

yakkyoku

shohousen

shokuzen

shokugo

ichijou

jouzai

kona gusuri

kaze gusuri

chintsuuzai

gezai

geri dome

suimin yaku

seki dome

me gusuri

kanpou yaku

hinin piru

kondoomu

houtai

seiriyou napukin

1 薬局はどこにありますか？

약국은 어디에 있어요?

ヤックグン オディエ イッソヨ

yakkyokuwa dokoni arimasuka?

2 この薬と同じものがありますか？

이 약이랑 똑같은 것 있어요?

イヤギラン トッカトゥン ゴ イッソヨ

kono kusurito onajimonoga arimasuka?

3 風邪薬をください。

감기약 주세요.

カムギヤㇰ チュセヨ

kaze gusuriwo kudasai

4 下痢がひどく、おなかも痛いです。

설사가 심하고,배도 아파요.

ソルサガ シマゴ ペド アパヨ

geriga hidoku onakamo itaidesu

病気

(日本語)	(カタカナ)	(ハングル文字)
風邪	カムギ	감기
インフルエンザ	トクカム	독감
下痢	ソルサ	설사
食中毒	シクチュンドク	식중독
盲腸	メンヂャン	맹장
SARS	サス	사스
マラリア	マルラリア	말라리아
コレラ	コルレラ	콜레라
性病	ソンピョン	성병
エイズ	エイズ	에이즈
伝染病	チョニョムピョン	전염병
精神病	チョンシンピョン	정신병
糖尿病	タンニョピョン	당뇨병
癌	アム	암
ぜんそく	チョンシク	천식
肺炎	ペリョム	폐렴
胃かいよう	ウィゲヤン	위궤양
肝炎	カニョム	간염
高血圧	コヒョラプ	고혈압
神経痛	シンギョントン	신경통

トラブル

● トラブル

会話してみよう！

(韓国人用)

kaze

infuru enza

geri

shokuchuu doku

mouchou

saazu

mararia

korera

seibyou

eizu

densen byou

seishin byou

tounyou byou

gan

zensoku

haien

ikaiyou

kan en

kouketsuatsu

shinkei tsuu

1 風邪をひいてしまいました。

감기에 걸려 버렸어요.
カムギエ コルリョ ボリョッソヨ

kazewo hiite shimaimashita

2 予防接種を受けたいです。

예방접종을 받고 싶어요.
イェバンチョプチョンウル パッコ シポヨ

yobou sesshuwo uketai desu

3 私はぜんそく持ちです。

저는 천식이 있어요.
チョヌン チョンシギ イッソヨ

watashiwa zensoku mochi desu

4 私は高血圧です。

저는 고혈압입니다.
チョヌン コヒョラビムニダ

watashiwa kouketsuatsu desu

病気の症状

(日本語)	(カタカナ)	(ハングル文字)
痛い	アプダ	아프다
頭痛	トゥトン	두통
かゆい	カリョプタ	가렵다
炎症を起こす	ヨムヂュンウル イルキダ	염증을 일으키다
熱がある	ヨリ イッタ	열이 있다
咳が出る	キチミ ナダ	기침이 나다
震える	トルリダ	떨리다
吐く	トハダ	토하다
下痢をする	ソルサルル ハダ	설사를 하다
便秘する	ピョンビエ コルリダ	변비에 걸리다
めまいがする	ヒョンギチュンイ ナダ	현기증이 나다
刺される	チルリダ	찔리다
疲れる	ピゴナダ	피곤하다
気を失う	キヂョラダ	기절하다
怪我をする	タチダ	다치다
やけどする	ファサンウル イプタ	화상을 입다
ねんざする	ピダ	삐다
骨を折る	コルヂョラダ	골절하다
治療する	チリョハダ	치료하다
治る	チユハダ	치유하다

トラブル

● トラブル

会話してみよう！

(韓国人用)

itai

zutsuu

kayui

enshouwo okosu

netsuga aru

sekiga deru

furueru

haku

geriwo suru

benpi suru

memaiga suru

sasareru

tsukareru

kiwo ushinau

kegawo suru

yakedo suru

nenza suru

honewo oru

chiryou suru

naoru

1 頭が痛い。

머리가 아프다.

モリガ アプダ

anataga itai

2 失恋して、心が痛いです。

실연 당해서 마음이 아파요.

シリョン タンヘソ マウミ アパヨ

shitsuren shite kokoroga itai desu

3 吐き気がします。

구역질이 납니다.

クヨクチリ ナムニダ

hakikega shimasu

4 少し横になりたい。

잠시 눕고 싶다.

チャムシ ヌプコ シプタ

sukoshi yokoni naritai

病院

(日本語)	(カタカナ)	(ハングル文字)
病院	ピョンウォン	병원
受付	チョプス	접수
内科	ネクァ	내과
外科	ウェクァ	외과
小児科	ソアクァ	소아과
医者	ウィサ	의사
看護婦	カノサ	간호사
注射	チュサ	주사
脈	メク	맥
血圧	ヒョラプ	혈압
血液型	ヒョレキョン	혈액형
血液検査	ヒョレク コムサ	혈액 검사
尿検査	ニョ コムサ	뇨 검사
輸血	スヒョル	수혈
手術	ススル	수술
入院	イボン	입원
退院	テウォン	퇴원
レントゲン	エクスレイ	엑스레이
診断書	チンダンソ	진단서
診察する	チンダナダ	진단하다

トラブル

(韓国人用)

- byouin
- uketsuke
- naika
- geka
- shounika
- isha
- kangofu
- chuusha
- myaku
- ketsuatsu
- ketsueki gata
- ketsueki kensa
- nyou kensa
- yuketsu
- shujutsu
- nyuuin
- taiin
- rentogen
- shindansho
- shinsatsu suru

会話してみよう！

① 病院はどこにありますか？

병원은 어디에 있어요?
ピョンウォヌン オディエ イッソヨ

byouinwa dokoni arimasuka?

② 日本語通訳者はいますか？

일본어 통역하는 사람은 있어요?
イルボノ トンヨカヌン サラムン イッソヨ

nihongo tsuuyakushawa imasuka?

③ 血液型はA型です。

혈액형은 에이형입니다.
ヒョレキョンウン エイヒョンイムニダ

ketsuekigatawa eegata desu

④ 診断書を発行して下さい。

진단서를 발행 해 주세요.
チンダンソルル パレン ヘヂュセヨ

shindanshowo hakkou shite kudasai

歯科に行く

(日本語)	(カタカナ)	(ハングル文字)
歯医者	チクァ ウィサ	치과 의사
むし歯	チュンチ	충치
歯石	チソク	치석
歯垢取り	スケルリン	스켈링
口をゆすぐ	イバヌル ヘングダ	입안을 헹구다
金歯	クムニ	금니
銀歯	ウンニ	은니
歯を矯正する	チアキョヂョンウル ハダ	치아교정을 하다
ブリーチ（歯の）	チア ミベク	치아 미백
歯周病	チヂュヨム	치주염
歯肉炎	チウニョム	치은염
口内炎	クネヨム	구내염
入れ歯	ウィチ	의치
差し歯	ポチョル	보철
白い歯	ハヤンニ	하얀 이
糸ようじ	チシル	치실
歯を削る	チアルル ヨンマハダ	치아를 연마하다
歯を抜く	イルル ポプタ	이를 뽑다
歯並びが良い	チヨリ コルダ	치열이 고르다
歯並びが悪い	チヨリ コルヂ アンタ	치열이 고르지 않다

トラブル

● トラブル

(韓国人用)

haisha

mushiba

shiseki

shikou tori

kuchiwo yusugu

kinba

ginba

hawo kyousei suru

buriichi

shishuu byou

shiniku en

kounai en

ireba

sashiba

shiroiha

ito youji

hawo kezuru

hawo nuku

hanarabiga yoi

hanarabiga warui

会話してみよう！

1 歯の矯正はいくらかかりますか？

치아 교정하는데 얼마나 듭니까?

<u>チア キョヂョンハヌンデ オルマナ トゥムニカ</u>

hano kyouseiwa ikura kakarimasuka?

2 どのくらいの期間がかかりますか？

기간은 얼마나 걸립니까?

<u>キガヌン オルマナ コルリムニカ</u>

donokuraino kikanga kakarimasuka?

3 麻酔をかけますか？

마취 합니까?

<u>マチィ ハムニカ</u>

masuiwo kakemasuka?

4 むし歯は何本ありますか？

충치가 몇 개입니까?

<u>チュンチガ ミョッケイムニカ</u>

mushibawa nanbon arimasuka?

犯罪

(日本語)	(カタカナ)	(ハングル文字)
泥棒	トドゥク	도둑
詐欺	サギ	사기
殺人	サリン	살인
売春婦	メチュンブ	매춘부
麻薬	マヤク	마약
盗まれる	トドゥンマッタ	도둑맞다
騙される	ソクタ	속다
誘拐	ユゲ	유괴
脅迫	ヒョプパク	협박
逃げる	トマンガダ	도망가다
訴える	コソハダ	고소하다
警察署	キョンチャルソ	경찰서
警官	キョンチャル	경찰
逮捕	チェポ	체포
犯人	ポミン	범인
被害者	ピヘヂャ	피해자
刑務所	ヒョンムソ	형무소
裁判所	チェパンソ	재판소
ピストル	チョン	총
死刑	サヒョン	사형

トラブル

● トラブル

会話してみよう！

(韓国人用)

dorobou

sagi

satsujin

baishun fu

mayaku

nusumareru

damasareru

yuukai

kyouhaku

nigeru

uttaeru

keisatsusho

keikan

taiho

han nin

higaisha

keimusho

saibansho

pisutoru

shikei

1 泥棒です！助けてください。

도둑입니다.도와 주세요.

トドゥギムニダ.トワヂュセヨ

doroboudesu! tasuketekudasai

2 詐欺に合いました。

사기를 당했습니다.

サギルル タンヘッスムニダ

sagini aimashita

3 警察に行きます。

경찰서에 갑니다.

キョンチャルソエ カムニダ

keisatsuni ikimasu

4 被害届けを出します。

피해 진상서를 제출 합니다.

ピヘ チンサンソルル チェチュルハムニダ

higaitodokewo dashimasu

事故と災害

(日本語)	(カタカナ)	(ハングル文字)
事故	サゴ	사고
火事	ファヂェ	화재
消防車	ソバンチャ	소방차
消火器	ソファギ	소화기
非常口	ピサング	비상구
交通事故	キョトンサゴ	교통사고
ひかれる	チャエ チイダ	차에 치이다
衝突する	チュンドルハダ	충돌하다
転覆する	チョンボカダ	전복하다
脱線する	タルソナダ	탈선하다
墜落する	チュラカダ	추락하다
避難する	ピナナダ	피난하다
即死する	チュクサハダ	즉사하다
死者	サマンヂャ	사망자
負傷者	ササンヂャ	사상자
行方不明	ヘンバンプルミョン	행방불명
救急車	クグプチャ	구급차
避難所	テピソ	대피소
救助する	クヂョハダ	구조하다
保護する	ポホハダ	보호하다

トラブル

● トラブル

会話してみよう！

(韓国人用)

jiko

kaji

shoubou sha

shoukaki

hijou guchi

koutsuu jiko

hikareru

shoutotsu suru

tenpuku suru

dassen suru

tsuiraku suru

hinan suru

sokushi suru

shisha

fushousha

yukue fumei

kyuukyuusha

hinanjo

kyuujo suru

hogo suru

① 交通事故に合いました。

교통 사고를 당했습니다.
キョトン サゴルル タンヘッスムニダ

koutsuujikoni aimashita

② 警察の電話番号は何番ですか？

경찰서 전화번호가 몇 번입니까?
キョンチャルソ チョナボノガ ミョッポニムニカ

keisatsuno denwa bangouwa nanban desuka?

③ 警察の電話番号は112です。

경찰서 전화번호는 112입니다.
キョンチャルソ チョナボノヌン イル-イル-イ イムニダ

keisatsuno denwa bangouwa ichi kyuu ichi desu

④ 救急車を呼んで下さい。

구급차를 불러 주세요.
クグプチャルル プルロヂュセヨ

kyuukyuushawo yonde kudasai

国内地名・外国地名

(日本語)	(カタカナ)	(ハングル文字)
ソウル	ソウル	서울
ソウル市庁	ソウルシチョン	서울 시청
光化門	クァンファムン	광화문
明洞	ミョンドン	명동
南大門市場	ナムデムン シヂャン	남대문 시장
東大門市場	トンデムン シヂャン	동대문 시장
鍾路	チョンノ	종로
仁寺洞	インサドン	인사동
新村	シンチョン	신촌
梨大	イデ	이대
弘大	ホンデ	홍대
大学路	テハンノ	대학로
梨泰院	イテウォン	이태원
狎鴎亭	アプクヂョン	압구정
蚕室	チャムシル	잠실
ロッテワールド	ロッテウォルドゥ	롯데월드
三成洞	サムソンドン	삼성동
ＣＯＥＸ	コエｸス	코엑스
南山	ナムサン	남산
汝矣島	ヨイド	여의도

● 地名

(日本語)	(カタカナ)	(ハングル文字)
江南	カンナム	강남
金浦空港	キムポコンハン	김포 공항
仁川国際空港	インチョン クヶチェ コンハン	인천 국제 공항
水原	スウォン	수원
釜山	プサン	부산
慶州	キョンヂュ	경주
光州	クァンヂュ	광주
大田	テヂョン	대전
大邱	テグ	대구
利川	イチョン	이천
春川	チュンチョン	춘천
全州	チョンヂュ	전주
公州	コンヂュ	공주
板門店	パンムンヂョム	판문점
済州島	チェヂュド	제주도
江華島	カンファド	강화도
韓国	ハングヶ	한국
日本	イルボン	일본
中国	チュングヶ	중국
香港	ホンコン	홍콩

国内地名・外国地名

● 地名

(日本語)	(カタカナ)	(ハングル文字)
台湾	テマン	대만
北朝鮮	プカン	북한
タイ	テグㇰ	태국
マレーシア	マルレイシア	말레이시아
カンボジア	カムボディア	캄보디아
インド	インド	인도
インドネシア	インドネシア	인도네시아
ベトナム	ベトゥナム	베트남
フィリピン	ピルリピン	필리핀
シンガポール	シンガポル	싱가폴
ロシア	ロシア	러시아
アメリカ	ミグㇰ	미국
オーストラリア	ホヂュ	호주
イギリス	ヨングㇰ	영국
ドイツ	トギル	독일
フランス	プランス	프랑스
イタリア	イタルリア	이탈리아
スペイン	スペイン	스페인
ブラジル	ブラヂル	브라질
南アフリカ	ナム アプリカ	남 아프리카

さくいん

あ

語	ページ
アイアン	126
アイスクリーム	110
アイスコーヒー	110
アイスホッケー	124
アイロンをかける	138
会う	74
あえて〜	26
和え物	100
青	40
仰むけ	120
赤	40
あかすり	122
明るい	30,36
秋	62
あくびをする	82
揚げる	104
あご	66
朝	54
あさって	62
足	70
味	98
足裏マッサージ	120
足首	70
あした	62
足の裏	70
味わう	102
汗をかく	82
あそこ	32
遊ぶ	74
暖かい	38
頭	66
新しい	30
暑い	38
厚い	50
熱い	110
厚かましい	36
暑すぎる	172
あとで	58
あなた	16
あなたたち	16
兄	18
姉	18
あの	16
アパート	94
あぶる	104
甘い	98
雨	38
洗う	146
あらかじめ	58
蟻	172
ありがとう	14
ある	22
歩く	74
あれ	16
アワビ	106
案内人	116

い

語	ページ
胃	70
いいえ	22
イーグル	126
イカ	106
〜以外に	34
胃かいよう	176
息をする	82
行く	74
いくつ？	22,50
いくら？	22,50
いしもち	106
医者	44,180
石焼きビビンバ	100
いす	142
遺跡	116
以前	58
急いで	86
痛い	120,178
痛くない	120
炒める	104
イタリア料理	96
1	46
1月	60
一時間半	56
1時2分3秒	52
一錠	174
一日中	56
1人前	162
市場	112
1番	48
1番ホール	126
一番安い部屋	92
1枚	162
いつ？	22
一緒に〜	26
五つ	46
一般室	88
一方通行	154
いつも〜	26
いとこ	20
糸ようじ	182
稲妻	38
犬	42
いびきをかく	82
いぶす	104
今	54
今すぐに	58
妹	18
イヤリング	140
入れ歯	182
色	40
色を入れる	158
インド料理	96
インフルエンザ	176
陰暦正月	64

う

語	ページ
ウィスキー	128
ウィンドウズ	156
上	32

ウェイトレス	96	
ウェスト	166	
ウォークマン	136	
ウォン	152	
うがいをする	138	
浮き輪	118	
受付	180	
受け取り	164	
受取人	150	
受ける	76	
動かない	172	
うさぎ	42	
牛	42	
後	32	
うす	144	
薄い	40,50	
右折する	86	
歌う	130	
疑う	78	
美しい	30,72	
訴える	184	
うつ伏せ	120	
うで	68	
腕時計	134	
うどん	162	
馬	42	
海	118	
羨ましい	80	
うるさい	30	
うれしい	80	
うんちする	82	
運賃	86	
運転手	44,86	
運転する	86,154	

え

エアコン	136	
エアコンあり	92	
エアコン付き	90	
エアコンなし	92	
永遠に	56	
映画鑑賞	168	

エイズ	176	
駅	88	
SM	132	
Sサイズ	166	
エステ	122	
Hが上手な	132	
絵はがき	116	
エビ	106	
Mサイズ	166	
選ぶ	112	
Lサイズ	166	
エレベーター	90	
絵を描く	168	
円	152	
炎症を起こす	178	
エンジン	154	

お

おい	20	
オイキムチ	100	
おいしい	98	
横断歩道	170	
往復	84	
多い	50	
大きい	50	
OBビール	128	
大晦日	64	
大盛り	102	
お菓子	110	
おかず	102	
お金持ち	130	
お金	152	
おかわり	102	
置屋	132	
起きる	76	
億	48	
置く	76	
お元気で	14	
お元気ですか？	14	
お好み焼き（韓国風）	100	
オゴリ	130	
怒る	74	

お皿	102	
おじ	20	
お幸せに	14	
おしっこをする	82	
おしゃべり	130	
押す	76	
遅い	54	
恐れる	80	
落ち着いた	36	
お茶	110	
夫	18	
おつりはいりません	96	
お寺	116	
おでん	162	
弟	18	
男らしい	72	
おととい	62	
おととし	64	
踊る	130	
驚く	80	
同じ	30	
オナラをする	82	
おねえちゃん（お店の）	130	
おば	20	
おばちゃん（お店の）	130	
オフィスビル	170	
覚える	78	
お盆	64	
おぼん	144	
お前	16	
おめでとうございます	14	
重い	50	
思い出す	78	
思う	78	
面白い	80	
おやすみなさい	14	
おやつ	102	
お湯	110	
降りる	76	
オリンピック	124	
俺	16	

オレンジ色……… 40	かけ間違える………148	辛い………… 98
オレンジジュース……110	過去……… 58	カラオケ………130
愚かな……… 36	傘………140	身体………… 68
音楽鑑賞………168	火事………186	空手………124
女らしい……… 72	カジノ………130	軽い………… 50
か	歌手……… 44	彼、彼女………… 16
蚊………172	ガスコンロ……… 94	彼ら………… 16
〜が……… 34	カスビール………128	かわいい………30,72
ガーデニング………168	ガスレンジ………144	乾いた………… 30
カーテン………142	風邪………176	〜缶………… 28
カール………158	風邪薬………174	癌………176
〜回……… 28	カセットテープ………136	肝炎………176
貝………106	家族……… 18	考える………… 78
会議する………160	ガソリンスタンド……154	換気扇………144
改札口……… 88	肩……… 68	韓国料理………… 96
会社員……… 44	硬い……… 30	看護婦………44,180
外線………148	肩こり………120	監視カメラ……… 92
海藻………122	肩幅………166	勘定する……… 96
ガイド………116	片道……… 84	汗蒸幕………122
街灯………170	がっかりする……… 80	感じる………… 78
〜回目……… 48	カッコイイ………130	肝臓………… 70
買い物………170	勝手な……… 36	乾燥機………146
買う………112	カップ………144	感動する……… 80
帰る……… 74	カップリビール………128	乾杯………… 96
顔……… 66	悲しい……… 80	漢方薬………174
顔を洗う………138	必ず〜……… 26	管理人………… 94
化学調味料……… 98	かなり〜……… 26	**き**
かかと……… 70	カニ………106	ギア………154
カキ………106	下半身……… 70	キーセン………130
かき………108	花瓶………142	キーボード………156
鍵………140	髪型……… 72	黄色………… 40
鍵が開かない………172	髪がのびる……… 82	気温………… 38
鍵が閉まらない………172	カミソリ………134	着替える………120,138
かき氷………110	髪を切る………158	気が短い………… 36
書留………150	髪をすく………158	聞く………… 74
鍵をなくした………172	髪をとかす………138	聞こえる………… 74
鍵を忘れた………172	かめ……… 42	生地………166
書く……… 74	〜かもしれない… 24	キス………132
家具………94,142	かゆい………178	北………… 32
カクテキ………100	火曜日……… 60	期待する………… 78
かけ直す………148	〜から……… 34	汚い………… 30

切手⋯⋯⋯⋯⋯150	着る⋯⋯⋯⋯⋯114	クリスピー⋯⋯⋯162
きっと～だろう⋯⋯ 24	気を失う⋯⋯⋯⋯178	クリスマス⋯⋯⋯ 64
切符⋯⋯⋯⋯⋯ 88	金⋯⋯⋯⋯⋯⋯ 40	来る⋯⋯⋯⋯⋯ 74
気にしないで下さい⋯ 14	銀⋯⋯⋯⋯⋯⋯ 40	クルージング⋯⋯⋯118
絹⋯⋯⋯⋯⋯⋯166	禁煙⋯⋯⋯⋯⋯ 92	くるぶし⋯⋯⋯⋯ 70
きのう⋯⋯⋯⋯⋯ 62	銀行⋯⋯⋯⋯⋯152	グレー⋯⋯⋯⋯ 40
きのこ⋯⋯⋯⋯⋯108	筋肉⋯⋯⋯⋯⋯ 68	クレープ⋯⋯⋯⋯110
キムチ⋯⋯⋯⋯⋯100	金歯⋯⋯⋯⋯⋯182	黒⋯⋯⋯⋯⋯⋯ 40
決める⋯⋯⋯⋯ 78	銀歯⋯⋯⋯⋯⋯182	グローブ⋯⋯⋯⋯126
気持ちいい⋯⋯⋯120,132	金曜日⋯⋯⋯⋯ 60	軍人⋯⋯⋯⋯⋯ 44
気持ち悪い⋯⋯⋯128	**く**	クンニ⋯⋯⋯⋯⋯132
客⋯⋯⋯⋯⋯⋯112	空港⋯⋯⋯⋯⋯ 84	**け**
キャッシュカード⋯⋯152	空席⋯⋯⋯⋯⋯ 84	計画する⋯⋯⋯⋯160
キャディー⋯⋯⋯126	9月⋯⋯⋯⋯⋯ 60	警官⋯⋯⋯⋯⋯184
9⋯⋯⋯⋯⋯⋯ 46	くさい⋯⋯⋯⋯⋯172	蛍光色⋯⋯⋯⋯ 40
救急車⋯⋯⋯⋯⋯186	くし⋯⋯⋯⋯⋯134,158	警察官⋯⋯⋯⋯ 44
休日⋯⋯⋯⋯⋯ 62	くしに刺す⋯⋯⋯104	警察署⋯⋯⋯⋯184
90⋯⋯⋯⋯⋯⋯ 48	くしゃみをする⋯⋯ 82	計算機⋯⋯⋯⋯136
求職する⋯⋯⋯⋯160	薬⋯⋯⋯⋯⋯⋯174	携帯電話⋯⋯⋯⋯148
救助する⋯⋯⋯⋯186	ください⋯⋯⋯⋯ 96	競馬⋯⋯⋯⋯⋯124
きゅうす⋯⋯⋯⋯144	果物⋯⋯⋯⋯⋯108	警備員⋯⋯⋯⋯ 94
宮殿⋯⋯⋯⋯⋯116	口⋯⋯⋯⋯⋯⋯ 66	刑務所⋯⋯⋯⋯184
牛肉⋯⋯⋯⋯⋯106	唇⋯⋯⋯⋯⋯⋯ 66	契約する⋯⋯⋯⋯160
牛肉刺身⋯⋯⋯⋯100	口をゆすぐ⋯⋯⋯182	KRパス⋯⋯⋯⋯ 88
牛乳⋯⋯⋯⋯⋯110	靴⋯⋯⋯⋯⋯⋯140	KTX⋯⋯⋯⋯⋯ 88
9年間⋯⋯⋯⋯⋯ 56	靴下⋯⋯⋯⋯⋯140	ケーブルテレビ⋯⋯ 94
救命胴衣⋯⋯⋯⋯118	クッション⋯⋯⋯142	外科⋯⋯⋯⋯⋯180
胡瓜キムチ⋯⋯⋯100	クッパ⋯⋯⋯⋯⋯100	怪我をする⋯⋯⋯178
きょう⋯⋯⋯⋯⋯ 62	靴を履く⋯⋯⋯⋯138	劇場⋯⋯⋯⋯⋯116
教師⋯⋯⋯⋯⋯ 44	靴をみがく⋯⋯⋯138	下剤⋯⋯⋯⋯⋯174
兄弟⋯⋯⋯⋯⋯ 18	首⋯⋯⋯⋯⋯⋯ 68	ケジャン⋯⋯⋯⋯100
鏡台⋯⋯⋯⋯⋯142	首まわり⋯⋯⋯⋯166	化粧品⋯⋯⋯⋯134
共同シャワー⋯⋯⋯ 92	熊⋯⋯⋯⋯⋯⋯ 42	化粧をする⋯⋯⋯138
共同トイレ⋯⋯⋯ 92	～組⋯⋯⋯⋯⋯ 28	けちな⋯⋯⋯⋯ 36
共同部屋⋯⋯⋯⋯ 92	くもり⋯⋯⋯⋯⋯ 38	血圧⋯⋯⋯⋯⋯180
脅迫⋯⋯⋯⋯⋯184	悔しい⋯⋯⋯⋯ 80	血液型⋯⋯⋯⋯180
興味を持つ⋯⋯⋯ 78	暗い⋯⋯⋯⋯⋯30,36	血液検査⋯⋯⋯⋯180
許可する⋯⋯⋯⋯160	～くらい⋯⋯⋯⋯ 34	月給⋯⋯⋯⋯⋯160
去年⋯⋯⋯⋯⋯ 64	クラクション⋯⋯⋯154	月経⋯⋯⋯⋯⋯ 82
嫌い⋯⋯⋯⋯⋯ 80	グリーン⋯⋯⋯⋯126	決定する⋯⋯⋯⋯160
切る⋯⋯⋯⋯⋯104	グリーン焼酎⋯⋯⋯128	げっぷする⋯⋯⋯ 82

月末	64	ゴーグル	118	コップ	144
月曜日	60	コース	120,122	今年	64
下痢	176	コース料理	96	異なる	30
下痢止め	174	コート	114	粉薬	174
下痢をする	178	コード	136	この	16
〜件	28	コーヒー	110	この前	58
厳格な	36	コーラ	110	好み	130
元気です	14	氷	110	5分間	56
現金	152	誤解する	78	ごま油	98
健康	72	5月	60	ゴマ葉	108
現在	58	小切手	152	困る	172
剣道	124	ゴキブリ	172	小道	170

こ

〜個	28	故宮	116	ゴミ箱	142,170
5	46	国際線	84	コムタン	100
濃い	40	国際電話	148	米	106
恋人	20	国内線	84	ごめんなさい	14
コイン収集	168	ここ	32	ゴリラ	42
更衣室	118	午後	54	ゴルフ	126
公園	116	午後9時	52	ゴルフウェア	126
硬貨	152	午後7時	52	ゴルフシューズ	126
後悔する	80	午後10時	52	ゴルフボール	126
交換手	148	午後11時	52	これ	16
交換する	112	九つ	46	コレラ	176
交換レート	152	午後8時	52	紺	40
航空券	84	午後6時	52	今月	64
航空便	150	ゴザ	142	今後	58
高血圧	176	小皿	102	今週	62
交差点	170	腰	68	混線	148
公衆電話	148,170	50、五十	46	コンタクトレンズ	134
洪水	38	こしょう	98	コンドーム	132,174
降水確率	38	故障する	154	こんにちは	14
高速鉄道	88	午前	54		

さ

紅茶	110	午前1時	52	SARS	176
交通違反	154	午前5時	52	サーフィン	168
交通事故	186	午前3時	52	裁判所	184
口内炎	182	午前2時	52	財布	140
興奮する	132	午前4時	52	サウナ	122
公務員	44	午前0時	52	探す	76
こうもり	42	こちらこそ	14	魚	106,118
高麗にんじん	108	小包	150	詐欺	184
		骨董品	168	先に	58

索引

刺される…………178	シーツ……………142	〜して下さい………24
差出人……………150	CD………………136	〜してはいけない……24
差し歯……………182	CD-ROM…………156	〜してみる…………24
指す………………76	CPU………………156	〜してもいい………24
左折する……………86	シーフード料理………96	自動車……………154
〜させて下さい……24	ジーンズ……………114	〜しないで下さい……24
〜冊…………………28	ジェットボート………118	〜しなければいけない 24
サッカー……………124	塩……………………98	歯肉炎……………182
さっき………………54	塩辛………………100	支払日………………94
殺人………………184	塩辛い………………98	しばらく……………56
砂糖…………………98	塩もみマッサージ……122	自分…………………18
茶道………………168	四角…………………30	紙幣………………152
さばく……………104	4月…………………60	脂肪…………………72
寂しい………………80	〜時から……………56	島……………116,118
〜様…………………16	時間…………………54	姉妹…………………18
寒い……………38,120	死刑………………184	〜しましょう………24
参鶏湯……………100	自己…………………18	〜時まで……………56
寒すぎる…………172	事故………………186	指名する……………132
さようなら…………14	歯垢取り……………182	締め切り……………160
〜皿…………………28	時刻…………………52	シャイ……………130
再来週………………62	時刻表………………88	社員………………160
再来年………………64	自己紹介……………14	じゃがいも…………108
猿…………………42	しこむ……………104	釈迦誕生日…………64
触る…………………76	死者………………186	車掌…………………44
3……………………46	歯周病……………182	写真………………168
3月…………………60	地震…………………38	社長………………160
サンゴ礁……………118	静かな………………30	シャツ……………114
30、三十……………46	歯石………………182	しゃっくりをする……82
3週間後……………56	下……………………32	シャワー……………94
30分…………………52	舌……………………66	シャワーを浴びる……138
30分間………………56	〜したい……………24	シャンプー…………134
サンチュ…………108	下着………………140	10……………………46
残念な………………80	〜したことがある……24	11、十一……………46
残念に思う…………78	7月…………………60	11月…………………60
散歩………………170	試着する……………112	集荷………………164

し

4……………………46	失業する……………160	10月…………………60
時……………………54	湿度…………………38	15、十五……………46
指圧………………120	失礼します…………14	13、十三……………46
幸せな………………80	〜してあげる………24	14、十四……………46
しいたけ……………108	指定席………………88	住所変更……………164
	〜している…………24	10時45分……………52

自由席	88	
渋滞	154	
じゅうたん	142	
しゅうと	20	
柔道	124	
しゅうとめ	20	
柔軟材	146	
12、十二	46	
12月	60	
10年後	56	
週末	62	
守衛	44	
祝祭日	62	
宿泊料	90	
手術	180	
就職する	160	
出張マッサージ	120	
出発ゲート	84	
～種類	28	
～錠(薬)	28	
しょうが	108	
紹介手数料	94	
消火器	186	
正月	60	
乗客	86	
消極的な	36	
正午	52	
錠剤	174	
昇進する	160	
上手	120	
焼酎	128	
～しようとしない	24	
衝突する	186	
小児科	180	
上半身	68	
消防士	44	
消防車	186	
照明	136	
醤油	98	
将来	58	
ショート	158	
ジョギング	170	
食後	174	
食前	174	
食中毒	176	
女性	20	
書類	160	
食器	144	
ショッピング	168	
書道	168	
処方箋	174	
署名する	152	
所要時間	120	
尻	70	
知り合い	20	
知る	78	
白	40	
城	116	
白い歯	182	
しわ	66	
シングルルーム	92	
神経痛	176	
信号機	170	
診察する	180	
信じる	78	
親戚	20	
親切な	36	
心臓	70	
腎臓	70	
寝台車	88	
診断書	180	
身長	72	
新年	64	
心配する	80	
新聞記者	44	
深夜	54	
眞露	128	

す

酢	98	
スィートルーム	92	
水泳	124	
水道料金	94	
炊飯器	144	
睡眠薬	174	
水曜日	60	
スーツ	166	
スーツを着る	138	
スーパーマーケット	112	
スカート	114	
スカーフ	140	
好き	80	
スキー	124	
スキャナー	156	
すぐ	54,58	
少ない	50	
スケベ	130	
スコア	126	
少し～	26	
すし	162	
涼しい	38	
スタイルが良い	72	
スチームサウナ	122	
スチュワーデス	44	
頭痛	178	
ずっと	56	
酸っぱい	98	
すでに(完了)	54	
捨てる	76	
ステレオ	136	
ストッキング	140	
ストレート	128	
ストレートパーマ	158	
砂	118	
すね	70	
スノーケリング	118	
スプーン	102	
～すべきだ	24	
～すべきでない	24	
スポーツ	168	
ズボン	114,166	
スポンジ	146	
すみません	14	
すみません(呼びかけ)	96	

相撲（韓国式）……… 124	前進する………… 154	大根キムチ………… 100
スリッパ…………… 140	全身マッサージ…… 120	体重………………… 72
〜するあいだに…… 34	先々週……………… 62	退職する…………… 160
〜するつもりだ…… 24	ぜんそく…………… 176	第2………………… 48
座る………………… 74	洗濯機……………… 146	台風………………… 38

せ

性格………………… 36	栓抜き……………… 144	逮捕………………… 184
性格がよい………… 36	扇風機……………… 136	タイヤ……………… 154
性格が悪い………… 36	扇風機付き………… 92	タオル……………… 134
税関………………… 84	扇風機なし………… 92	高い（高さ）……… 50
清潔………………… 30	洗面所がつまる…… 172	高い（値段）……… 112

そ

清酒………………… 128	象…………………… 42	抱きしめる………… 130
精神病……………… 176	騒音………………… 172	炊く………………… 104
生徒………………… 44	雑巾………………… 146	タクシー…………… 86
生年月日…………… 62	送金する…………… 152	タクシー乗り場…… 86
性病………………… 176	掃除機……………… 146	タコ………………… 106
セイフティボックス… 90	雑炊………………… 100	出す………………… 76
生理用ナプキン…… 174	想像する…………… 78	タダ………………… 112
西暦………………… 64	相場………………… 94	叩く………………… 76
セーター…………… 114	送料………………… 164	〜たち（名詞の複数形）16
世界文化遺産……… 116	ソーダ割り………… 128	太刀魚……………… 106
背が高い…………… 72	〜足………………… 28	立ちんぼ…………… 132
背が低い…………… 72	即死する…………… 186	立つ………………… 74
咳が出る…………… 178	速達………………… 150	卓球………………… 124
咳止め……………… 174	そこ………………… 32	脱線する…………… 186
せきをする………… 82	粗大ゴミ…………… 164	脱毛………………… 122
セクシー…………… 132	そで丈……………… 166	タバコ……………… 134
積極的な…………… 36	外…………………… 32	たびたび…………… 58
せっけん…………… 134	外出し……………… 132	ダブルルーム……… 92
セット（髪を）…… 158	外に出る…………… 170	たぶん〜…………… 26
セット（料理の）… 162	その………………… 16	食べ放題…………… 96
説明する…………… 78	祖父………………… 18	食べる……………… 102
背中………………… 68	ソファー…………… 142	卵…………………… 106
狭い……………… 50,94	祖母………………… 18	騙される…………… 184
セミロング………… 158	それ………………… 16	たまねぎ…………… 108

た

セルフサービス…… 96	〜台………………… 28	たら………………… 106
0…………………… 46	第1………………… 48	たらい……………… 146
千…………………… 48	退院………………… 180	タレ………………… 98
先月………………… 64	体格が良い………… 72	誰？………………… 22
洗剤………………… 146	代金引換…………… 164	たわし……………… 146
先週………………… 62		誕生日…………… 62,64
		たんす……………… 142

男性……………… 20	使う……………… 76	デジカメ……………156
だんだん……………… 58	つかむ……………… 76	〜です……………… 22
ダンボール……………164	疲れる………………72,178	〜ですか？………… 22
ち	机………………………142	鉄道……………… 88
血……………………… 68	漬ける（キムチなど）104	テニス……………124
小さい………………… 50	付ける（塩に）………104	手のひら…………… 68
チェア………………118	つながらない…………148	デパート……………112
チェス………………168	常に〜……………… 26	デリバリー…………162
チェックアウト…… 90	つば……………………… 82	テレビ………………136
チェックイン……… 90	妻……………………… 18	テレビ鑑賞…………168
近い…………………… 32	つめ……………………… 68	テレビ付き………… 92
地下鉄………………… 88	つめきり……………134	テレビなし………… 92
チゲ…………………100	冷たい………………110	手を洗う……………138
チケット……………122	つめを切る…………138	店員……………………112
父……………………… 18	梅雨…………………… 38	天気……………………… 38
チップ………………… 90	強く……………………120	電気シェーバー……134
乳房…………………… 68	釣り………………118,168	電気スタンド………136
茶……………………… 40	つり銭………………112	天気予報……………… 38
〜着………………… 28	**て**	電気料金……………… 94
着払い………………164	手……………………… 68	天国…………………132
中華料理……………… 96	〜で……………………… 34	電子レンジ…………136
中古パソコン………156	提案する……………160	伝染病………………176
注射…………………180	Tシャツ……………114	電柱…………………170
駐車場………………154	Tシャツを着る……138	天然パーマ…………158
昼食…………………102	DVD…………………156	転覆する……………186
注文する……………… 96	定価……………………112	電話…………………148
兆……………………… 48	提出する……………160	電話局………………148
腸……………………… 70	定食…………………162	電話代……………… 94
長距離電話…………148	ディスコ……………130	電話に出る…………148
ちょうどいい……120,132	ティッシュ…………134	電話番号……………148
調味料………………… 98	テーブル……………142	電話をかける………148
チョコバナナ………110	テールスープ………100	電話を切る…………148
チョゴリ……………114	手紙…………………150	**と**
ちりとり……………146	手紙を受け取る……150	〜と……………………… 34
治療する……………178	手紙を書く…………150	トイレ………………… 90
鎮痛剤………………174	手紙を出す…………150	トイレが流れない……172
つ	〜できない………… 24	トイレットペーパー…134
ついに〜…………… 26	〜できる…………… 24	〜頭…………………… 28
墜落する……………186	出口……………………… 88	同意する……………160
ツインルーム……… 92	手首…………………… 68	どういたしまして…… 14
通帳…………………152	テコンドー…………124	唐辛子………………… 98

199

唐辛子みそ	98	
搭乗する	84	
同情する	80	
到着ゲート	84	
糖尿病	176	
豆腐	106	
動物園	116	
道路	170	
十	46	
遠い	32	
時々	58	
読書	168	
特等室	88	
特に〜	26	
時計	136	
どこ？	22	
どしゃぶり	38	
特急	88	
突然	58	
どっち？	22	
とても〜	26	
どのくらい？	22	
どのような？	22	
泊まる	90	
止まる	154	
止める	86	
土曜日	60	
虎	42	
ドライバー	126	
ドライブ	168	
ドライヤー	136	
トラック	164	
トラベラーズチェック	152	
トランクス	140	
鶏肉	106	
取る	76	
ドル	152	
どれ？	22	
ドレス	114	
ドレスアップする	138	
泥	122	
泥棒	184	
トンカツ	162	
鈍行	88	
どんどん酒	128	
どんぶり	102	

な

ない	22	
内科	180	
ナイスショット	126	
内線	148	
内臓	70, 106	
ナイフ	102	
治る	178	
中	32	
長い	50	
流し台	144	
長袖	114	
中出し	132	
泣く	74	
なし	108	
なぜ？	22	
夏	62	
7	46	
7ヵ月後	56	
70	48	
七つ	46	
何？	22	
7日間	56	
鍋（料理）	100	
鍋（調理器具）	144	
生	104	
名前	16	
怠け者	36	
生タコ刺身	100	
涙	82	
ナムル	100	
なめる	132	
悩む	78	
南京錠	92	
何歳？	22	
何時？	50	

何時間？	50	

に

2	46	
〜に	34	
匂う	78	
にがい	98	
2月	60	
にきび	66	
憎む	80	
逃げる	184	
にごり酒	128	
西	32	
2時26分	52	
20、二十	46	
2週間	56	
〜に対して	34	
日曜日	60	
ニックネーム	16	
〜にとって	34	
2人前	162	
2番	48	
日本語ソフト	156	
日本料理	96, 162	
2枚	162	
荷物のパッキング	164	
入院	180	
入国審査	84	
入場料	116	
尿検査	180	
ニラ	108	
煮る	104	
にわとり	42	
〜人	28	
妊娠する	82	
にんじん	108	
にんにく	108	
〜人前	28	

ぬ

脱ぐ	114	
盗まれる	184	
塗る	76	

濡れた……………… 30	ハーフ&ハーフ ……… 162	8月……………… 60
ね	パーマをかける……… 158	80 ……………… 48
ねかす……………… 104	はい……………… 22	8時40分 ……… 52
ねぎ……………… 108	〜杯……………… 28	ハチミツ……………… 122
ネクタイ……………… 166	肺……………… 70	バックする…………… 154
猫……………… 42	〜倍……………… 48	発送……………… 164
ねずみ……………… 42	肺炎……………… 176	はと……………… 42
熱がある…………… 178	拝観料……………… 116	鼻……………… 66
ネックレス…………… 140	バイキング……… 96	鼻毛……………… 66
寝間着……………… 114	灰皿……………… 134	話し中……………… 148
眠たい……………… 82	歯医者……………… 182	話す……………… 74
寝る……………… 76	売春婦……………… 184	バナナボート……… 118
年……………… 64	売店……………… 88	鼻水が出る………… 82
年賀状……………… 150	ハイトビール……… 128	歯並びが良い……… 182
ねんざする………… 178	俳優……………… 44	歯並びが悪い……… 182
年末……………… 64	パイロット……… 44	母……………… 18
の	蠅……………… 172	歯ブラシ……………… 134
〜の……………… 34	はがき……………… 150	歯磨き粉……………… 134
脳……………… 66,70	掃く……………… 146	早い……………… 54
農業……………… 44	吐く……………… 178	速い……………… 54
ノートブック……… 156	白菜キムチ……… 100	腹……………… 68
〜のため……………… 34	博物館……………… 116	払う……………… 112
のど……………… 66	バケツ……………… 146	腹が減る…………… 102
のどが渇く………… 102	〜箱 ………… 28,164	パラソル……………… 118
飲み物……………… 102	運ぶ……………… 76	春……………… 62
飲む……………… 102	はし……………… 102	晴れ……………… 38
〜のような……… 34	橋……………… 170	バレーボール……… 124
のり……………… 106	はじめまして……… 14	歯を矯正する……… 182
乗り換える………… 86	走る……………… 74	歯を削る…………… 182
のりまき……………… 162	バス……………… 86	歯を抜く…………… 182
乗る……………… 76	恥ずかしい……… 80	歯をみがく………… 138
は	バスケットボール…… 124	半（時間）……… 52
〜は……………… 34	バスターミナル……… 86	ハンガー……………… 142
歯……………… 66	バス付き……… 90	ハンカチ……………… 140
バー……………… 130	バス停留所………… 86	パン生地……………… 162
パー……………… 126	バスト……………… 166	ハンサムな……… 72
バーゲン……………… 112	パスポート………… 84	半ズボン……………… 114
〜% ……………… 48	パソコン……………… 156	〜番線……………… 88
バーディー…………… 126	バター……………… 126	半袖……………… 114
ハードディスク……… 156	はたく……………… 146	半月……………… 56
ハーブ……………… 122	8 ……………… 46	パンティー…………… 140

半年間……………… 56	避妊ピル…………174	船便………………150
ハンドバッグ………140	皮膚……………… 68	船………………… 86
ハンドル…………154	100 ……………… 48	父母……………… 18
半日……………… 56	日焼け止め………118	冬………………… 62
犯人………………184	秒………………… 54	フライパン………144
パンフレット……116	病院………………180	ブラウス…………114
ひ	美容院……………158	ブラシ……………158
ピアスをつける……138	昼………………… 54	ブラジャー………140
ビーチ…………116,118	広い………………50,94	プラットホーム… 88
ビール……………128	拾う……………… 76	フランス料理……… 96
被害者……………184	～瓶……………… 28	ブリーチ(髪の)……158
東………………… 32	便………………… 84	ブリーチ(歯の)……182
ひかれる…………186	びん………………144	ブリーフ…………140
～匹……………… 28	ピンク…………… 40	振込み……………152
引き出し…………152	便せん……………150	プリンター………156
引く……………… 76	**ふ**	古い……………… 30
低い……………… 50	ファクシミリ……148	震える……………178
ひげをそる………138	VCD………………156	プルコギ…………100
ひげをたくわえる…… 82	封筒………………150	ブレーキ…………154
飛行機…………… 84	夫婦………………128	フロッピー………156
ひざ……………… 70	フェアウェイ……126	フロント………… 90
ビザ……………… 84	フェイシャルトリートメント	分………………… 54
ピザの厚さ………162	フェラチオ………132	～分の～………… 48
ピザを注文する………162	フェリー………… 86	**へ**
ひじ……………… 68	フォーク…………102	～へ……………… 34
美術館……………116	拭く………………146	ヘアースプレー……158
非常口 ……………90,186	ふくらはぎ……… 70	ベージュ………… 40
ピストル…………184	負傷者……………186	へそ……………… 68
額………………… 66	豚………………… 42	ベッド…………… 90
左………………… 32	二重まぶた……… 72	ペット……………168
ピックアップ………164	豚カルビ…………100	ペディキュア………122
引越し業者………164	ふたたび………… 58	へび……………… 42
引越す……………164	二つ……………… 46	部屋探し………… 94
羊………………… 42	豚肉………………106	部屋番号………… 90
ヒップ……………166	普通は～………… 26	ベルト…………140,166
ビデオ……………136	二日酔い…………128	変圧器……………136
一重まぶた……… 72	仏壇………………142	弁護士…………… 44
一つ……………… 46	フットトリートメント…122	弁償………………164
一晩中…………… 56	太い……………… 50	便秘する…………178
避難所……………186	太っている……… 72	返品する…………112
避難する…………186	布団………………142	

ほ

ほうき	146
帽子	140
法酒	128
帽子をかぶる	138
包帯	174
包丁	144
ほお	66
ボーイ	90
ホース	146
ボーナス	160
ホールインワン	126
ボギー	126
ボクシング	124
ほくろ	66
歩行者	170
保護する	186
保証金	94
干す	104,146
ポスト	150
細い	50
ボタン	166
ボッタクリ	130
ぽっちゃり	132
ポット	144
ホテル	90
歩道	170
歩道橋	170
ほとんど〜	26
骨	70
骨付きカルビ	100
骨を折る	178
〜本	28
本棚	142
本当に〜	26
本番	132

ま

〜枚	28
毎年	64
毎日	62
マウス	156
前	32
曲がる	154
枕	142
孫	20
まず	58
まずい	98
混ぜる	104
まだ	54
また会いましょう	14
股下	166
待ち合わせ場所	170
待つ	74
マッキントッシュ	156
まつ毛	66
まっすぐ行く	86
まつたけ	108
マッチ	134
〜まで	34
まないた	144
マニュキュア	122
豆もやし	108
麻薬	184
まゆ毛	66
眉毛を整える	158
マラソン	124
マラリア	176
丸い	30
万	48
満席	84
満足する	80
真ん中	32
満腹になる	102

み

見える	74
磨く	146
みかん	108
右	32
ミキサー	144
短い	50
水	110
水色	40
水が熱すぎる	172
水が冷たすぎる	172
水が出ない	172
水が漏る	172
水着	114,118
水切り	104
水割り	128
店	112
味噌	98
味噌汁	162
三つ	46
緑	40
港	86
南	32
醜い	72
ミニバー	90
耳	66
脈	180
未来	58
見る	74
ミルクティー	110
民宿	92
民泊	92

む

ムース	158
向かい	32
昔	58
婿	20
蒸し暑い	38
むし歯	182
虫除け	118
蒸す	104
息子	18
娘	18
六つ	46
胸	68
胸が大きい	132
紫	40

め

目	66
めい	20

メイクアップ……122	野球……124	洋服をたたむ……164
メイド……90	焼く……104	預金……152
メガネ……134	やけどする……178	よく〜……26
目薬……174	野菜……108	横……32
めったに……58	優しい……36	予想する……78
メニュー……96	安い……112	四つ……46
めまいがする……178	やせている……72	酔っ払う……128
メモリ……156	家賃……94	呼び出す……148
目やに……82	薬局……174	読む……74
免許証……154	八つ……46	嫁……20
綿……166	やはり〜……26	ヨモギ蒸し……122
免税店……84	柔らかい……30	予約する……84
も	**ゆ**	〜より……34
〜も……34	誘拐……184	夜……54
もう一度〜……26	夕方……54	弱く……120
申し訳ありません……14	夕食……102	4……46
盲腸……176	友人……20	40、四十……46
毛布……142	Uターンする……154	**ら**
木曜日……60	郵便為替……150	ライオン……42
もしかしたら〜……26	郵便局……150	来月……64
餅……110	郵便番号……150	来週……62
もちろん〜……26	郵便ポスト……170	ライター……134
モツ……106	遊覧船……116	来年……64
もっと切って……158	雪……38	ラグビー……124
最も〜……26	行方不明……186	ラジオ……136
モップ……146	輸血……180	ラジカセ……136
モツ焼き……100	ゆっくり……54	ラフ……126
モデム……156	ゆっくり走って……86	ランドリーサービス……90
モデル……44	ユッケ……100	**り**
元払い……164	ゆでる……104	理解する……78
モニター……156	指……68	利子……152
模範タクシー……86	指輪……140	リモコン……136
もも……70	指輪をつける……138	両替所……84
もやし（豆もやし）……108	ゆぶね……94	両替する……152
模様……166	ゆぶねにつかる……138	料金……120
門……116	**よ**	両親……18
や	良い……30,94	料理作り……168
やかましい……36	要求する……160	旅館……92
やかん……144	洋食……96	旅行……168
焼き魚……100	腰痛……120	りんご……108
焼肉……162	洋服……114	リンス……134

る
ルームサービス……… 90
ルームメイキング…… 92

れ
冷蔵庫……………144
0.1 ……………… 48
0.01……………… 48
冷麺………………100
レコード…………136
レジ………………112
レストラン……… 96
レバー……………106
レモンティー……110
レントゲン………180

ろ
ローション………122
6 ………………… 46
6月 ……………… 60
6時間後…………… 56
6時ちょうど……… 52
60 ……………… 48
〜路線…………… 88
ロング……………158

わ
ワールドカップ………124
Yシャツ …………166
ワイン……………128
若い………………130
わがままな……… 36
わかりません…… 22
忘れる…………… 78
私………………… 16
私たち…………… 16
渡り蟹キムチ………100
ワックス…………158
わに……………… 42
笑う……………… 74
〜割……………… 48
ワリカン…………130
割引………………112
悪い……………… 30
わるがしこい……… 36

われもの……………164
われもの注意…………164
ワンピース……………114
〜を………………… 34

通じる韓国語教室

Q 皆さんが韓国に行って韓国語を話しています
解らない単語が出た時あなたは**どうしますか？**

A① 笑ってごまかす

A② 黙ってしまう

A③ 辞書を引く

これでは会話は続きません！

答えは次のページ →

まずは 無料体験レッスンで納得受講
詳しくはホームページへ↓
http://www.kotobanoeki.com

当教室独自の学習法

目的は会話を続ける事です

? 多くの学校は初心者向けの最初のレッスンで「これは机です」「これは時計です」などから始めます。この指導法は本当に実用的なのでしょうか？

当校では ① 必要な事柄から教えます。

→ 例えば →

「おじいさん」という単語は、

「お父さん」の「お父さん」

と言えばわざわざ覚えなくても通じます。つまり知っている単語を組み合わせて相手に通じさせることができるのです。

実際の会話は授業とは異なります。単語を覚えるだけでは限度があります。様々な言い回しを覚え会話を楽しく続けます。

当校ではさ・ら・に
② 講師は韓国人。日本語で授業。
③ 料金は安心の月謝制。

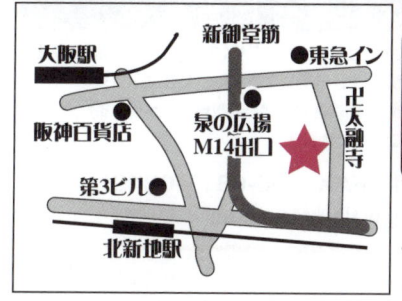

初心者のための、話せて、通じて、楽しい韓国語教室！

ランゲージステーション

〒530-0056
大阪府大阪市北区兎我野町9-23 聚楽ビル 5F
Tel:06-6311-0241　Fax:06-6311-0240
E-mail:info@kotobanoeki.com

TLS出版社

TLS出版社　最強ラインナップ！

移動中でもCDで聞ける！ 実用単語集シリーズ

実用 中国語 単語集 (CD付)
TLS出版編集部 著　B6判 226頁

実用 韓国語 単語集 (CD付)
TLS出版編集部 著　B6判 198頁

実用 タイ語 単語集 (CD付)
藤崎 ポンパン 著　B6判 204頁

実用 スペイン語 単語集 (CD付)
萩本 和佳子 翻訳・監修　B6判 202頁

実用 ドイツ語 単語集 (CD付)
TLS出版編集部 著　B6判 204頁

実用 フランス語 単語集 (CD付)
TLS出版編集部 著　B6判 234頁

実用 イタリア語 単語集 (CD付)
大瀬 順子／小澤 直子 翻訳・監修　B6判 208頁

学校では教えてくれない 男と女の会話術シリーズ

男と女の 中国語 会話術 (CD付)
TLS出版編集部 著　B6判 210頁

男と女の 韓国語 会話術 (CD付)
TLS出版編集部 著　B6判 198頁

男と女の タイ語 会話術 (CD付)
藤崎 ポンパン 著　B6判 250頁

男と女の スペイン語 会話術 (CD付)
榎本 和以智 著　B6判 242頁

男と女の ロシア語 会話術 (CD付)
マフニョワ ダリア 著　B6判 228頁

男と女の 英語 会話術 (CD付)
TLS出版編集部 著　B6判 256頁

男と女の インドネシア語 会話術 (CD付)
TLS出版編集部 著　B6判 192頁

お近くの書店にない場合は当社へ

店頭にない場合は、当社までお電話またはFAXでご注文下さい。FAXでのお求めの際は書籍名、氏名(社名)、お届け先ご住所、電話番号をご記入の上、送信して下さい。ご注文承り後4～7日以内に代金引換郵便でお届けいたします。(別途送料・代引手数料がかかります)
また、当社ホームページからもお求めいただくことができます。

TEL：06-6311-0241　FAX：06-6311-0240
ホームページ： http://www.tls-group.com

韓国語翻訳, ビジネス翻訳

見積無料

豊富な実績、ハイクオリティーな翻訳のことなら弊社へお任せ下さい。
韓国語教室も運営している弊社は、常時20人の優秀な翻訳者を擁していますので
より速く、より安く、より高品質な翻訳をお届けすることが出来ます。
豊富な経験に基づき、翻訳を行っております。確かな実績がご利用いただく方の安心を保証いたします。
もちろん見積もりは無料です。お気軽にお申し付けください。指定ソフトを使っての納品も可能です。

手紙、ラブレター	日本語1文字	10.5円〜
ビジネス文書	日本語1文字	23.1円〜
定型、公文書	1通	7,350円〜

戸籍謄本・住民票・IDカード（裏表込み）・申述書
独身証明書・婚姻届受理証明・出生証明・出生届
パスポート・名前変更証明　離婚証明書など

※その他の言語も取り扱っています。ぜひご相談下さい。

一般通訳, ビジネス通訳

日本全国通訳者派遣いたします。お問い合わせください。
ご依頼時間数、日数、難易度によって変動します。まずはお問い合わせください。

一般通訳	36,000円〜/日
ビジネス通訳	60,000円〜/日
同時通訳	100,000円〜/日

※その他の言語も取り扱っています。ぜひご相談下さい。

韓国語通訳・翻訳、韓国語教室の
ランゲージ・ステーション
kotobanoeki.com

大阪梅田：06-6311-0241
東京新宿：03-5287-2034
info@kotobanoeki.com

移動中でもCDで聞ける！
実用韓国語単語集　실용 한국어 단어집

2005年7月15日　初版発行	著　者　　ＴＬＳ出版編集部
2012年3月15日　第三刷	発行者　　藤崎 ポンパン
	発行所　　ＴＬＳ出版社
	発売所　　星雲社

● **東京新宿校（Tokyo Shinjuku Office）**
〒160-0021 東京都新宿区歌舞伎町2-41-12 岡埜ビル6F
Tel：03-5287-2034　Fax：03-5287-2035　E-mail：tokyo@tls-group.com

● **大阪梅田校（Osaka Umeda Office）**
〒530-0056 大阪府大阪市北区兎我野町9-23 聚楽ビル5F
Tel：06-6311-0241　Fax：06-6311-0240　E-mail：school@tls-group.com

スクンビット校（Sukhumvit Office）
14Fl., Times Square Building 246 Sukhumvit Rd.,
Between Soi 12-14 Khlongtoey, Bangkok 10110 Thailand
Tel：02-653-0887　Fax：02-653-0650　E-mail：tls@tls-bangkok.com

シーロム校（Silom Office）
62 Thaniya Building 11th floor, Silom Road,
Bangrak, Bangkok 10500 Thailand
Tel：02-632-9440　Fax：02-632-9441　E-mail：tls@tls-silom.com

http://www.tls-group.com

ＴＬＳ出版社の書籍は、書店または弊社HPにてお買い求めください。
本書に関するご意見・ご感想がありましたら、上記までご連絡ください。

編集・製作	早坂 裕一郎（Yuichiro Hayasaka）	装丁	沢田 秀次（Hidetsugu Sawada）
翻訳・監修	康 大成（Kan Daeseong）／金 善美（Kim Sunmi）		
ナレーター	めいこ（Meiko）／キム テソン（Kim Taesun）		

無断複製・転載を禁止いたします。
Copyright ©2005 TLS Publishing All Rights Reserved.
[定価はカバーに表示してあります。]　[落丁・乱丁本はお取り替えいたします。]

ISBN 4-434-06237-9 C2087　Printed in Japan　　　　印刷　株式会社 ナポ (NAPO Co.,Ltd.)